옥효진 선생님의 과학이 이해되는 학습도구어

글 **옥효진** 그림 **이상일**

과학
학습도구어
40개

아울북

머리말

여러분은 공부를 좋아하나요?

"좋아해요!"라고 자신 있게 말할 친구도 있겠지만 아마도 많은 친구들이 "공부가 싫어요", "공부는 재미없어요", "공부는 힘들어요"라고 말할지도 몰라요.

맞아요. 공부는 어렵고 머리 아프며 하기 싫을 때도 많아요. 사실 선생님도 어릴 적에는 그랬답니다. 그런데 그렇게 하기 싫은 공부임에도 불구하고 여러분은 한 가지 중요한 사실을 알고 있어요. 바로 '하기 싫어도 공부는 해야 한다'라는 사실이에요. 많은 친구들이 속으로 이렇게 생각하고 있을 거예요.

"나도 공부를 잘하고 싶어."

선생님도 그 마음을 누구보다 잘 알고 있어요. 그래서 하기 싫어도 열심히 해보려는 여러분이 얼마나 기특하고 멋진지 모른답니다. 그런 여러분을 위해 이 책을 만들었어요. 공부가 조금이라도 더 쉬워질 수 있도록 여러분의 학습을 도와줄 든든한 친구를 소개하고 싶었거든요. 그 친구가 바로 〈과목별 학습도구어〉예요.

'학습도구어'란 공부할 때 꼭 필요한 도구가 돼 주는 단어들을 말해요. 요리를 할 때 칼이나 도마 같은 요리 도구가 필요하고 고장 난 물건을 고칠 때 망치나 드라이버 같은 도구가 필요한 것처럼 공부할 때도 도구가 돼 주는 단어들이 있어요. 그런 단어들을 바로 학습도구어, 즉 '공부의 도구가 되는 단어'라고 불러요. 요리 도구가 많을수록 요리가 쉬워지듯이 여러분이 학습도구어를 많이 알고 있으면 공부도 훨씬 더 쉬워질 거예요.

그런데 여러분, 학교에서 자주 마주치지만 아직 친하다고 할 수 없는 친구가 있지는 않나요? 인사도 하고 이름도 알지만 무엇을 좋아하는지, 어떤 말을 자주 하는지는 잘 모르는 그런 친구요. 선생님은 여러분에게 학습도구어도 그런 친구일지 모른다는 생각이 들어요.

교과서나 시험 문제에 자주 나오지만 막상 뜻이 정확히 기억나지 않거나 어떻게 써야 할지 떠오르지 않는 말들이 있어요. 자주 봐서 친한 줄 알았지만 알고 보면 아직 낯선 학습도구어들이죠. 이제는 그런 단어들과 진짜 친구가 돼 보는 건 어떨까요? 왜냐하면 학습도구어는 여러분이 공부할 때마다 꼭 나타날 테니까요.

이 책은 여러분이 학습도구어와 진짜로 친해질 수 있도록 도와주는 책이에요. 그동안 스쳐 지나가기만 했던 학습도구어들이 어떤 뜻을 가지고 있고 어떤 상황에서 쓰이는지를 하나하나 살펴보면서 공부를 도와주는 든든한 친구로 만들어 보세요.

이 책을 다 읽고 난 뒤에는 여러분이 더 이상 맨손으로 공부에 맞서지 않게 되기를 바라요. 공부에 꼭 필요한 도구들을 든든히 챙긴 여러분의 공부가 더 힘차고 더 즐겁게 나아가길 응원합니다.

옥효진 선생님

이 책의 구성

핵심 학습도구어를 중심으로 어휘 관계망을 확장해요.

학습도구어가 어떻게 구성됐는지 알아보고 뜻을 조금 더 자세히 배워 봐요.

난이도 ★★☆☆☆

1 감각

추운 날씨 때문에 얼굴에 신경이 없다고 느낀 것처럼 과학적으로 '감각'은 몸의 자극을 알아차리는 일을 말해요.

감각은 이럴 때 쓰는 말이에요.

운동장에서 체육 수업을 하고 교실로 돌아온 옥 선생님과 아이들은 춥다고 아우성쳤어요. 오늘은 올겨울 들어 가장 추운 날이거든요.

"으악! 얼굴과 손에 감각이 없어졌나 봐. 아무 느낌도 나지 않아! 아야, 아야. 아파!"

지원이가 호들갑을 부리는 민수의 볼을 꼬집었어요.

"엄살은…… 아프다고 하는 걸 보니 네 감각에 이상은 없어. 걱정하지 마."

그때 지훈이가 독특한 무늬의 장갑과 알록달록한 목도리를 꺼내 아이들에게 자랑하기 시작했어요.

"하하하. 이런 날엔 나처럼 장갑과 목도리를 준비했어야지."

"역시 지훈이의 패션 감각은 알아줘야 한다니까."

친구들의 칭찬에 옥 선생님도 지훈이의 장갑과 목도리를 유심히 봤어요.

"와! 화려한 색깔과 전통적인 문양을 넣은 감각이 굉장히 독특하구나. 몸의 감각이 없어질 정도의 추운 날씨에도 지훈이의 개성 있는 감각은 대단한걸!"

이렇게 과학적 의미의 감각은 '우리 몸의 각 부분으로 자극을 느끼는 것'을 말하고, 생활적 의미의 감각은 '사물에서 받는 특별한 느낌'을 말해요.

12

이런 뜻이에요.

감각의 감(感)은 '느끼다', '깨닫다'를 뜻하고, 각(覺)은 '깨우치다'를 뜻해요. 여기서 '느끼다'라는 것은 '감각 기관, 즉 눈, 코, 귀, 혀, 피부 등으로 자극을 깨닫는 것'을 말해요. 그래서 과학적으로 감각은 '신체 기관을 통해 어떤 자극을 몸 안팎으로 깨닫고 알아차리다'라는 뜻을 가진답니다.

또한 감(感)이 가진 '마음이 움직이다', '느낌'이라는 뜻과 각(覺)의 '드러내다', '나타나다'라는 뜻을 합치면 '드러나거나 나타난 것에 의해 마음이 움직이다'라는 의미가 만들어지지요? 그래서 생활적으로 감각은 '사람이나 사물이 지닌 특별한 인상, 마음속에 새겨지는 생각이나 느낌'을 뜻하게 됐답니다.

과목별

과학

신체의 여러 곳을 통해 몸 안과 밖의 자극을 알아차림.

예문
- 매운맛은 입안의 점막을 자극했을 때 느끼는 통증 감각이다.
- 균형 감각을 잃고 평균대 위에서 떨어졌다.
- 밤인 데다가 처음 가 본 동네라 방향 감각을 잃었다.

생활 속

국어

사물이 가지고 있는 특별히 정해진 느낌.

예문
- 이 한복은 현대적 감각이 더해져서 세련돼 보인다.
- 음악적 감각이 뛰어난 형은 작곡가가 됐다.

13

만화와 이야기를 통해 학습도구어의 다양한 의미를 알아봐요.

학습도구어가 과목과 생활 속에서 어떻게 다르게 쓰이는지 알아보고 예문을 함께 만나 봐요.

학습도구어가 들어간 꼬꼬무 어휘 지도를 보고
과목 어휘력을 길러요.

학습도구어와 뜻이 비슷한 단어를
알아보고 어휘력을 확장해요.

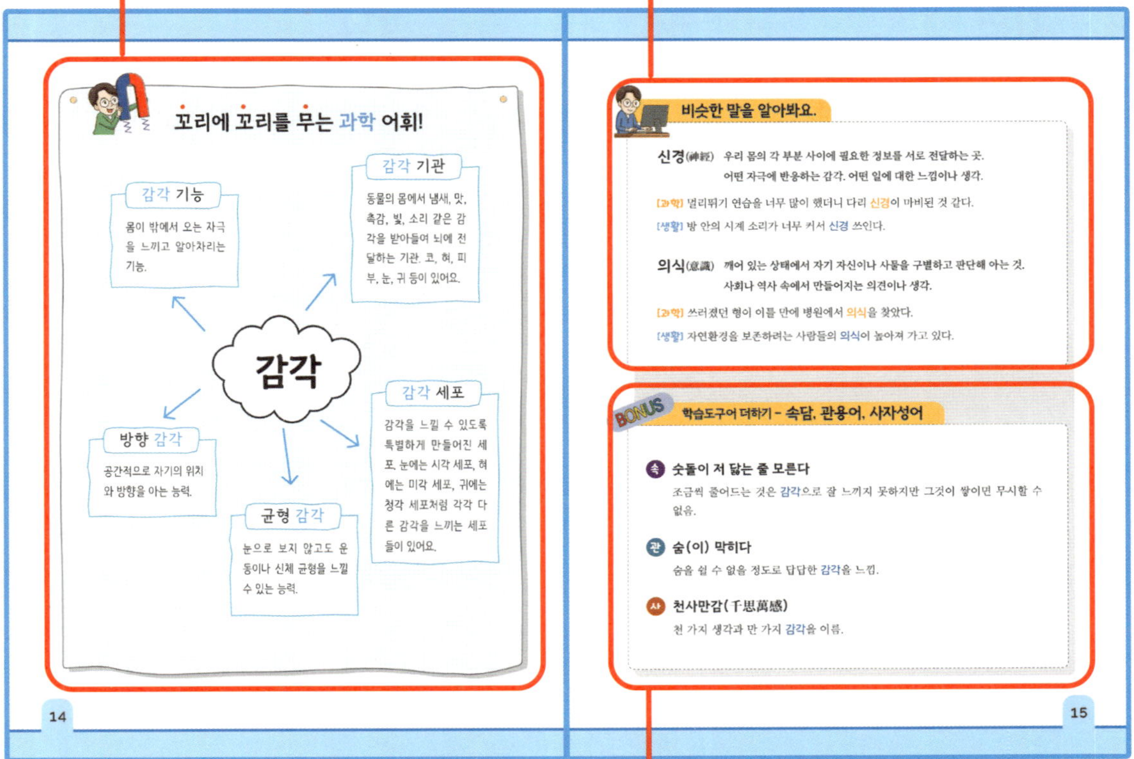
꼬리에 꼬리를 무는 과학 어휘!

감각

감각 기능
몸이 밖에서 오는 자극을 느끼고 알아차리는 기능.

감각 기관
동물의 몸에서 냄새, 맛, 촉감, 빛, 소리 같은 감각을 받아들여 뇌에 전달하는 기관. 코, 혀, 피부, 눈, 귀 등이 있어요.

방향 감각
공간적으로 자기의 위치와 방향을 아는 능력.

균형 감각
눈으로 보지 않고도 운동이나 신체 균형을 느낄 수 있는 능력.

감각 세포
감각을 느낄 수 있도록 특별하게 만들어진 세포. 눈에는 시각 세포, 혀에는 미각 세포, 귀에는 청각 세포처럼 각각 다른 감각을 느끼는 세포들이 있어요.

14

비슷한 말을 알아봐요.

신경(神經) 우리 몸의 각 부분 사이에 필요한 정보를 서로 전달하는 곳.
어떤 자극에 반응하는 감각. 어떤 일에 대한 느낌이나 생각.

[과학] 멀리뛰기 연습을 너무 많이 했더니 다리 신경이 마비된 것 같다.

[생활] 방 안의 시계 소리가 너무 커서 신경 쓰인다.

의식(意識) 깨어 있는 상태에서 자기 자신이나 사물을 구별하고 판단해 아는 것.
사회나 역사 속에서 만들어지는 의견이나 생각.

[과학] 쓰러졌던 형이 이틀 만에 병원에서 의식을 찾았다.

[생활] 자연환경을 보존하려는 사람들의 의식이 높아져 가고 있다.

BONUS 학습도구어 더하기 - 속담, 관용어, 사자성어

속 숫돌이 저 닳는 줄 모른다
조금씩 줄어드는 것은 감각으로 잘 느끼지 못하지만 그것이 쌓이면 무시할 수 없음.

관 숨(이) 막히다
숨을 쉴 수 없을 정도로 답답한 감각을 느낌.

사 천사만감(千思萬感)
천 가지 생각과 만 가지 감각을 이름.

15

학습도구어가 들어간 속담, 관용어,
사자성어를 알아보고 문해력과
상식까지 길러요.

목차

3장
ㅅ~ㅈ으로 시작하는 학습도구어

4장
ㅊ~ㅎ으로 시작하는 학습도구어

1장

ㄱ~ㅁ으로 시작하는 학습도구어

감각 | 감염 | 검사 | 관측

구조 | 규칙 | 물질

난이도 ★★☆☆☆

1 감각

추운 날씨 때문에 얼굴에 신경이 없다고 느낀 것처럼 과학적으로 '감각'은 몸의 자극을 알아차리는 일을 말해요.

감각은 이럴 때 쓰는 말이에요.

운동장에서 체육 수업을 하고 교실로 돌아온 옥 선생님과 아이들은 춥다고 아우성쳤어요. 오늘은 올겨울 들어 가장 추운 날이거든요.

"으악! 얼굴과 손에 감각이 없어졌나 봐. 아무 느낌도 나지 않아! 아야, 아야. 아파!"

지원이가 호들갑을 부리는 민수의 볼을 꼬집었어요.

"엄살은…… 아프다고 하는 걸 보니 네 감각에 이상은 없어. 걱정하지 마."

그때 지훈이가 독특한 무늬의 장갑과 알록달록한 목도리를 꺼내 아이들에게 자랑하기 시작했어요.

"하하하. 이런 날엔 나처럼 장갑과 목도리를 준비했어야지."

"역시 지훈이의 패션 감각은 알아줘야 한다니까."

친구들의 칭찬에 옥 선생님도 지훈이의 장갑과 목도리를 유심히 봤어요.

"와! 화려한 색깔과 전통적인 문양을 넣은 감각이 굉장히 독특하구나. 몸의 감각이 없어질 정도의 추운 날씨에도 지훈이의 개성 있는 감각은 대단한걸!"

이렇게 과학적 의미의 감각은 '우리 몸의 각 부분으로 자극을 느끼는 것'을 말하고, 생활적 의미의 감각은 '사물에서 받는 특별한 느낌'을 말해요.

이런 뜻이에요.

감각의 감(感)은 '느끼다', '깨닫다'를 뜻하고, 각(覺)은 '깨우치다'를 뜻해요. 여기서 '느끼다'라는 것은 '감각 기관, 즉 눈, 코, 귀, 혀, 피부 등으로 자극을 깨닫는 것'을 말해요. 그래서 과학적으로 감각은 '신체 기관을 통해 어떤 자극을 몸 안팎으로 깨닫고 알아차리다'라는 뜻을 가진답니다.

또한 감(感)이 가진 '마음이 움직이다', '느낌'이라는 뜻과 각(覺)의 '드러내다', '나타나다'라는 뜻을 합치면 '드러나거나 나타난 것에 의해 마음이 움직이다'라는 의미가 만들어지지요? 그래서 생활적으로 감각은 '사람이나 사물이 지닌 특별한 인상, 마음속에 새겨지는 생각이나 느낌'을 뜻하게 됐답니다.

과목별

신체의 여러 곳을 통해 몸 안과 밖의 자극을 알아차림.

예문

- 매운맛은 입안의 점막을 자극했을 때 느끼는 통증 감각이다.
- 균형 감각을 잃고 평균대 위에서 떨어졌다.
- 밤인 데다가 처음 가 본 동네라 방향 감각을 잃었다.

생활 속

사물이 가지고 있는 특별히 정해진 느낌.

예문

- 이 한복은 현대적 감각이 더해져서 세련돼 보인다.
- 음악적 감각이 뛰어난 형은 작곡가가 됐다.

꼬리에 꼬리를 무는 과학 어휘!

감각

감각 기능

몸이 밖에서 오는 자극을 느끼고 알아차리는 기능.

감각 기관

동물의 몸에서 냄새, 맛, 촉감, 빛, 소리 같은 감각을 받아들여 뇌에 전달하는 기관. 코, 혀, 피부, 눈, 귀 등이 있어요.

방향 감각

공간적으로 자기의 위치와 방향을 아는 능력.

균형 감각

눈으로 보지 않고도 운동이나 신체 균형을 느낄 수 있는 능력.

감각 세포

감각을 느낄 수 있도록 특별하게 만들어진 세포. 눈에는 시각 세포, 혀에는 미각 세포, 귀에는 청각 세포처럼 각각 다른 감각을 느끼는 세포들이 있어요.

비슷한 말을 알아봐요.

신경(神經) 우리 몸의 각 부분 사이에 필요한 정보를 서로 전달하는 곳.
어떤 자극에 반응하는 감각. 어떤 일에 대한 느낌이나 생각.

[과학] 멀리뛰기 연습을 너무 많이 했더니 다리 신경이 마비된 것 같다.

[생활] 방 안의 시계 소리가 너무 커서 신경 쓰인다.

의식(意識) 깨어 있는 상태에서 자기 자신이나 사물을 구별하고 판단해 아는 것.
사회나 역사 속에서 만들어지는 의견이나 생각.

[과학] 쓰러졌던 형이 이틀 만에 병원에서 의식을 찾았다.

[생활] 자연환경을 보존하려는 사람들의 의식이 높아져 가고 있다.

BONUS 학습도구어 더하기 - 속담, 관용어, 사자성어

속 숫돌이 저 닳는 줄 모른다

조금씩 줄어드는 것은 감각으로 잘 느끼지 못하지만 그것이 쌓이면 무시할 수 없음.

관 숨(이) 막히다

숨을 쉴 수 없을 정도로 답답한 감각을 느낌.

사 천사만감(千思萬感)

천 가지 생각과 만 가지 감각을 이름.

난이도 ★★☆☆☆

2 감염

반 아이들이 감기를 앓은 것처럼 과학적으로 '감염'은 병균이나 세균이 몸 안에 들어와 못살게 구는 일을 말해요.

감염은 이럴 때 쓰는 말이에요.

콜록콜록, 킁킁, 훌쩍, 에취!

교실 안은 옥 선생님과 아이들의 앓는 소리로 가득 찼어요. 독감이 유행하면서 교실 안은 마치 병원 같았답니다.

"얘들아, 선생님이 매일 너희에게 병균의 감염을 예방하려면 손을 잘 씻어야 한다고, 면역력이 약하면 바이러스에 감염되기 쉬우니까 운동 또한 열심히 해야 한다고 말했잖니! 그런데 우리 반이 단체로 감기에 감염되다니…… 분위기도 너무 가라앉았구나."

"맞아요. 처음에 한두 명 아플 때는 몰랐는데 여러 명이 아프니까 서로의 기분에 감염돼 더 어두운 분위기가 된 것 같아요. 우리 반은 늘 시끌시끌, 하하, 호호 웃음소리가 끊이지 않았는데 말이에요."

옥 선생님과 아이들은 아픈 와중에도 가라앉은 반 분위기를 더 속상해했어요.

"자, 이럴수록 더 힘을 내고 식사도 맛있게 하자꾸나!"

이렇게 과학적 의미의 감염은 '병균이 사람의 몸 안에 침입해 병을 앓게 하는 것'을 말하고, 생활적 의미의 감염은 '좋지 않은 분위기나 생각에 영향을 받는 것'을 말해요.

이런 뜻이에요.

감염의 감(感)은 '느끼다', '움직이다'를 뜻하고, 염(染)은 '옮다', '병이 전염되다'를 뜻해요. 두 글자를 합치면 '병이 움직여 옮아서 느끼다'라는 의미가 만들어져요. 이것이 바로 과학에서의 감염이에요. 세균, 바이러스, 기생충 등 '병의 원인이 되는 것이 동식물의 몸 안에 들어가 퍼지는 것'을 말한답니다.

또한 감(感)의 '어떤 느낌을 받아 마음이 움직임'이라는 뜻과 염(染)의 '물들다'라는 뜻을 합치면 생활에서 쓰이는 감염이 돼요. '어떤 것에 물들어 마음이 움직이다'라는 의미랍니다. 즉 감염은 '좋은 생각이나 습관보다는 나쁜 버릇이나 풍습, 생각에 영향을 받는 것'을 말해요.

과목별

병균이나 병이 몸 안에 침입해 늘어나거나 퍼짐.

예문
- 덜 익힌 고기를 먹으면 기생충에 감염될 수도 있다.
- 충치는 주변 치아도 감염시키니 양치질을 잘해야 한다.

생활 속

나쁜 버릇이나 생각, 분위기 등에 영향을 받음.

예문
- 친구들의 어색한 태도에 감염돼 나도 몸이 뻣뻣해졌다.
- 형의 슬픈 기분에 감염됐는지 나까지 기분이 좋지 않다.

꼬리에 꼬리를 무는 과학 어휘!

감염

감염 경로
병의 원인이 생물을 감염시키는 방법이나 순서.

감염원
병을 옮기는 근원. 세균, 바이러스, 기생충 등이 있어요.

감염병
인간이나 동물의 신체에 감염 물질이 들어와서 일으키는 병.

공기 감염
공기 속에 있는 균이 코나 입을 통해 몸속으로 들어와 퍼짐. 대표적으로 유행성 감기를 말해요.

접촉 감염
환자나 감염된 동물과의 접촉으로 일어나는 전염.

비슷한 말을 알아봐요.

전염(傳染) 병이 남에게 옮음. 다른 사람의 습관, 분위기, 기분 등에 영향을 받음.

[과학] 감기 바이러스는 대부분 공기를 통해 전염된다.

[생활] 수진이의 웃음은 모두에게 전염돼 다 같이 웃기 시작했다.

침투(浸透) 세균이나 병균 등이 몸속에 들어옴. 현상, 생각이 깊게 스며들어 퍼짐.

[과학] 모래에 들어 있던 세균의 침투로 무릎의 상처가 덧났다.

[생활] 외국 문화의 무분별한 침투는 우리의 전통문화를 해칠 수도 있다.

BONUS 학습도구어 더하기 - 속담, 관용어, 사자성어

속 병에는 장사 없다

아무리 힘이 센 장사라도 병에 감염되면 기운과 힘이 없음.

속 돈 주고 병 얻는다

자기가 직접 돈을 줘 가면서 스스로 병에 감염된다는 뜻으로, 스스로의 잘못으로 고생하게 됨.

사 병입고황(病入膏肓)

감염이 심해져서 치료가 어려움.

난이도 ★★☆☆☆

3 검사

양배추 지시약으로 산성, 염기성, 중성을 알아낸 것처럼 과학에서 '검사'는 약품 등을 이용해 물질의 성분을 알아내는 일을 말해요.

검사는 이럴 때 쓰는 말이에요.

선생님이 세 묶음의 거름종이와 비밀 액체가 담긴 스프레이 물통을 가져왔어요.

"얘들아. 이리 와서 종이들이 무엇이 다른지 검사해 보겠니?"

"킁킁. 제가 코로 검사해 보니 이 종이에서는 시큼한 식초 냄새가, 종이에서는 향긋한 비누 냄새가 나요. 다른 하나는 아무 냄새도 안 나고요. 그것 말고는 똑같아요."

"냄새가 나지 않는 종이는 소금물을 바른 거란다. 자, 드디어 내가 마법을 부릴 시간이군!"

선생님이 각각의 종이에 스프레이 물통 속 액체를 뿌리자 종이의 색깔들이 각자 변하기 시작했어요. 알록달록한 종이를 보며 아이들은 감탄을 쏟아 냈어요.

"하하하. 신기하지? 이 액체는 양배추 지시약이야. 산성, 염기성, 중성을 검사하지. 실험실에는 리트머스 종이라고 해서 간단하게 산성, 염기성, 중성을 검사할 수 있는 종이도 있단다."

그때 교실 한쪽에서는 아이들이 소곤대는 소리가 들렸어요.

"선생님께서 저 지시약을 설명하시느라 숙제 검사를 잊으신 것 같지?"

"그래. 혹시 검사하실 수도 있으니 모두 조용히 있자. 쉿!"

이렇게 과학적 의미의 검사는 '과학적인 방법으로 물질의 성질을 밝히는 것'을 말하고, 생활적 의미의 검사는 '일어난 일의 상태나 내용을 자세히 살피고 따지는 것'을 말해요.

이런 뜻이에요.

검사의 검(檢)과 사(査)는 똑같이 '조사하다'라는 뜻이 있어요. 여기서 조사라는 것은 '자세히 살펴보고 찾아보다'라는 의미랍니다. 그래서 과학에서 검사는 '화학 약품을 이용해 물질을 시험하고 실험하며 그 성분이나 화학적 성질을 알아내고 측정하는 것'을 말해요. 물질의 성분이 맞는지 틀린지, 좋은지 나쁜지를 확인할 때 사용해요.

또한 검(檢)의 '알아내다'라는 뜻과 사(査)의 '사물을 있는 그대로 조사하다'라는 뜻을 합치면 '사물을 있는 그대로 조사하고 알아내다'라는 의미가 만들어지지요? 이것은 생활에서 쓰이는 검사로 '일어난 일을 통해 사실이나 상태를 자세히 살펴 판단하는 일'을 말해요.

과목별

약품을 사용해 화학적인 성질을 조사함.

예문

- 병원에서 간염 검사를 하기 위해 피를 뽑았다.
- 검사 결과 아무 질병도 없다고 한다.

생활 속

보이는 것, 일어난 일을 바탕으로 꼼꼼히 살펴보고 측정함.

예문

- 내일은 우리 반 신체검사가 있는 날이다.
- 이 장난감은 수십 번의 안전 검사를 통과한 제품이다.

꼬리에 꼬리를 무는 과학 어휘!

검사

면역 검사

몸에 해로운 물질이나 세균에 저항할 수 있는지에 대한 검사.

혈액 검사

혈액형이나 병이 있는지 알기 위해 피를 뽑아 행하는 검사.

모발 검사

머리카락으로 인종, 성별, 나이, 혈액형 등을 알아내어 누구인지 알아내는 검사.

뢴트겐 검사

엑스선(전자기파) 검사로, 몸에 병이 있는지 알아보려고 엑스선을 쏘아 안을 들여다보거나 사진을 찍는 검사.

약물 검사

운동선수가 성적을 올리기 위해 약물을 사용했는지 확인하는 검사.

비슷한 말을 알아봐요.

검토(檢討) 어떤 사실이나 내용을 분석해서 따짐.

[과학] 약의 효능은 매우 많은 검토 끝에 환자에게 쓰인다.

[생활] 엄마는 내 공부 계획표를 검토하신 후 고칠 점을 알려 주셨다.

확인(確認) 틀림없이 그러한가를 알아보거나 인정함.

[과학] 멸종 위기 동물이 어디에 몰려 있는지 확인하는 과정은 매우 중요하다.

[생활] 동생에게서 온 문자를 방금 확인했다.

BONUS 학습도구어 더하기 - 속담, 관용어, 사자성어

속 깻묵에도 씨가 있다

언뜻 보면 없을 것 같아도 자세히 검사해 보면 있을 수 있음.

속 안방에 가면 시어머니 말이 옳고 부엌에 가면 며느리 말이 옳다

양쪽의 말이 모두 일리가 있게 옳아서 검사해 봐도 시비를 가리기가 어려움.

속 한강 물 다 먹어야 짜냐

무슨 일을 처음에 조금만 검사해 봐도 전체적인 것을 짐작해 볼 수 있음.

난이도 ★★☆☆☆

4 관측

천체 망원경으로 밤하늘을 자세히 살펴본 것처럼 과학에서 '관측'이란 눈이나 기계로 자연의 변화를 관찰하는 일을 말해요.

관측은 이럴 때 쓰는 말이에요.

"와! 밤하늘에 보석 가루를 뿌려 놓은 것 같아요!"

국립어린이과학관의 천체 관측소를 방문한 아이들은 신이 났어요. 커다란 천체 망원경으로 밤하늘의 별을 관측할 수 있었기 때문이에요.

"선생님, 제가 달과 함께 우주에 떠 있는 기분이에요! 선생님도 한번 관측해 보세요."

"하하하. 그래. 달 표면의 구멍인 크레이터도 자세히 관측해 보렴."

옥 선생님은 아이들의 들뜬 목소리에 미소를 지으며 말했어요.

"얘들아, 우주를 보다 보니 선생님이 미래를 볼 수 있는 능력이 생긴 것 같아."

"네? 세상에 이런 일이!"

갑작스러운 옥 선생님의 말에 아이들은 눈이 휘둥그레졌어요.

"내일 우리 반은 밤하늘의 달과 별 이야기로 매우 시끌시끌할 것으로 관측되는구나."

"헤헤헤. 선생님은 우리를 조용하게 만드느라 목소리가 커질 것으로 관측되네요."

이렇게 과학적 의미의 관측은 '눈이나 기계로 자연 현상의 변화를 주의 깊게 들여다보는 것'을 말하고, 생활적 의미의 관측은 '현재를 잘 살펴서 미래의 일을 추측하는 것'을 말해요.

이런 뜻이에요.

관측의 관(觀)은 '보다', '관찰하다'를 뜻하고, 측(測)은 '기기를 써서 재다', '알다'를 뜻해요. 특히 관(觀)은 '더욱 자세히 보다'라는 의미가 있지요. 그래서 과학적으로 관측은 '자연 현상의 변화를 정확하게 관찰하는 것', '눈 또는 기계로 자연 현상, 우주, 하늘, 날씨의 변화 등을 확인하고 재는 것'을 말한답니다.

이번에는 관(觀)의 '살펴보다', '미리 판단하다'라는 뜻과 측(測)의 '헤아리다', '찾다'라는 뜻을 합쳐 볼까요? 그러면 '현재를 잘 살펴서 나중이나 미래의 일을 미리 판단하거나 예상, 추측하다'라는 의미가 만들어져요. 이것이 바로 생활에서 쓰이는 관측이랍니다.

과목별

우주, 하늘의 변화 등 자연 현상을 관찰함.

예문

- 어떤 혜성은 천체 망원경이 없어도 관측할 수 있다.
- 나는 별의 움직임을 관측하기 위해 옥상으로 올라갔다.

생활 속

현재를 살펴보고 미래를 예상함.

예문

- 나는 월드컵에서 브라질이 우승할 것으로 관측한다.
- 올해는 작년보다 사과의 수확량이 많을 것으로 관측된다.

꼬리에 꼬리를 무는 과학 어휘!

관측

관측대
우주와 별, 날씨 등을 살펴보는 시설.

기상 관측
기압, 기온, 습도 같은 것을 살펴서 공기의 상태를 알아보는 일.

관측선
바다를 관측하는 배.

천문 관측학
우주와 별 같은 물체를 살펴보고 연구하는 천문학의 한 분야.

지구 관측 위성
지구의 동식물, 바닷물의 온도, 자원 등을 살펴보는 인공위성.

비슷한 말을 알아봐요.

예측(豫測) 미리 헤아려 짐작함.

[과학] 우주의 크기는 사람이 예측할 수도 없을 정도로 크다.

[생활] 내 예측을 뒤엎고 우리나라가 우승했다.

추측(推測) 미뤄 생각하며 헤아림.

[과학] 실험 결과가 추측과 다르게 나왔다.

[생활] 이 냄새로 추측해 보면 라면을 먹은 건 형이 분명하다.

BONUS 학습도구어 더하기 - 속담, 관용어, 사자성어

속 짐작(이) 팔십 리

눈치로 상황을 관측하고 앞 상황을 짐작함.

사 연막전술(煙幕戰術)

적의 관측이나 공격으로부터 우리 편의 행동을 감추거나 보호하는 방법으로, 사실을 숨기려고 말이나 행동으로 상대방의 판단을 방해함.

난이도 ★★☆☆☆

5 구조

여러 기관이 만나 하나의 소화 기관을 만든 것처럼 과학에서 '구조'란 몇 가지가 모여 전체를 만드는 일을 말해요.

구조는 이럴 때 쓰는 말이에요.

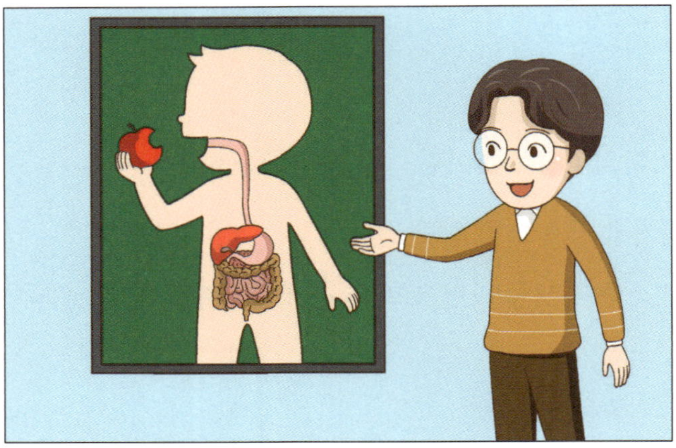

"얘들아, 점심은 맛있게 먹었니? 오늘 반찬은 맛있었고?"

"네! 그런데 선생님, 소화를 시켜야 하니 바로 공부하는 건 곤란해요. 히히. 아까 먹은 카레와 소시지가 아직 위 속에 그대로 있다고요."

옥 선생님은 그럴 줄 알았다는 듯 몸속을 그린 그림을 칠판에 붙였어요.

"하하. 그럼 오늘은 카레가 소화되는 몸속의 소화 기관 구조에 대해 알려 줄게."

"와! 소화 기관은 입, 식도, 위, 소장, 대장, 항문으로 이어지는 긴 구조로 돼 있네요. 하나하나 나뉘어져 있어요!"

"정확한 설계도로 지은 구조물처럼 필요한 위치에 딱 맞게 소화 기관들이 자리 잡은 것이 신기해요."

그때 호기심 왕 민수도 한마디 거들었답니다.

"선생님, 그러고 보니 저 구불구불한 대장은 나선형(소라의 껍데기처럼 빙빙 비틀려 돌아간 모양) 계단 구조와 비슷해요. 간은 삼각형 모양의 피라미드 구조 같고요!"

이렇게 과학적 의미의 구조는 '부분 부분이 모여 전체를 이루는 것'을 말하고, 생활적 의미의 구조는 '여러 가지 재료로 만든 물건이나 시설물'을 말해요.

이런 뜻이에요.

구조의 구(構)는 '얽다', '짜내다', '맺다'를 뜻하고, 조(造)는 '만들다'를 뜻해요. '얽다'라는 것은 '이리저리 걸어서 하나로 매여 있는 것'을 말해요. 그래서 과학적으로 구조는 '하나하나가 모이고 얽어지고 걸쳐져서 전체인 하나를 만드는 것'을 의미한답니다.

또한 구(構)의 '집을 짓다', '이루다'라는 뜻과 조(造)의 '세우다', '짓다'라는 뜻을 합치면 '집이나 건물을 세우고 짓다'라는 의미가 만들어지지요? 그래서 '여러 가지 재료를 사용해서 지은 집이나 시설물'을 생활적으로 구조라고 해요. 여기에 물건을 뜻하는 '물(物)' 자를 더하면 물건, 건물, 다리, 터널 등을 뜻하는 구조물이 된답니다.

과목별

각 부분이 모여 하나의 전체로 만들어진 것.

예문

- 현미경으로 돌의 구조와 조직을 관찰했다.
- 눈에 보이지 않을 정도로 작은 세포는 매우 복잡한 구조를 가지고 있다.

생활 속

여러 가지 재료로 만든 시설물.

예문

- 건물의 구조가 복잡해서 길을 잃을 수도 있다.
- 제주도의 돌담은 거센 바람으로부터 집을 보호하는 구조물이다.

꼬리에 꼬리를 무는 과학 어휘!

구조

지질 구조

지구 겉에 있는 돌이나 지층의 상태.

화학 구조

물질을 구성하는 원자(물질의 기본적 구성단위)들의 상태.

토양 구조

모래, 점토 같은 작은 흙 알갱이가 섞여 있는 상태.

해양 구조물

바다를 조사하거나 자원을 찾으려고 만든 시설.

구조 역학

건물이나 다리 같은 구조물이 얼마나 튼튼하고 안전한지 연구하는 학문.

비슷한 말을 알아봐요.

구성(構成) 몇 가지 부분이 모여서 전체를 짜 이룸.

[과학] 사람의 몸은 약 30조 개의 세포로 구성돼 있다.

[생활] 각 반의 반장과 부반장으로 학생회를 구성했다.

조직(組織) 짜서 이루거나 만듦.

[과학] 과학실에서 현미경으로 세포 조직을 관찰했다.

[생활] 나는 친구들과 노래 동아리를 조직했다.

BONUS 학습도구어 더하기 - 속담, 관용어, 사자성어

속 미꾸라지 한 마리가 온 웅덩이를 흐려 놓는다

한 사람의 나쁜 행동이 온 집단 구조에 나쁜 영향을 미침.

관 세상이 바뀌다

어떤 원인으로 사회의 제도, 구조, 조직, 관계가 완전히 달라짐.

난이도 ★★☆☆☆

6 규칙

생태계를 유지하는 먹이 그물처럼 과학에서 '규칙'은 살아가는 데 필요한 질서를 말해요.

규칙은 이럴 때 쓰는 말이에요.

여름을 앞둔 뒷산에는 초록 나무들로 가득해요. 그래서 오늘은 이곳에서 자연의 규칙 중 하나인 잎차례에 대해 알아보려고 해요.

"얘들아, 잎차례는 식물 줄기에 잎이 달리는 순서라고 했던 거 기억나니?"

"네! 식물들의 규칙이에요. 햇빛을 잘 받으려고요."

옥 선생님과 아이들은 가장 흔하게 볼 수 있는 마주나기로 잎이 난 나무를 찾았어요.

"선생님, 마주나기는 모두 규칙적으로 두 장씩 마주 보고 있어요."

모두가 어긋나기, 마주나기, 돌려나기, 뭉쳐나기 등 잎차례를 관찰했어요. 그런데 은호가 장난을 치다가 그만 나뭇가지를 부러뜨리고 말았답니다. 옥 선생님은 은호를 꾸중했어요.

"은호야. 야외 활동을 할 때는 자연을 훼손시키지 않고 눈으로만 보자는 규칙을 정했잖니."

"선생님, 규칙을 어겨서 죄송해요. 이제 장난치지 않을게요."

은호의 반성하는 모습에 옥 선생님은 미소를 지었답니다.

이렇게 과학적 의미의 규칙은 '동식물이 존재하기 위한 질서'를 말하고, 생활적 의미의 규칙은 '여럿이 다 함께 꼭 지키기로 한 약속'을 말해요.

이런 뜻이에요.

규칙의 규(規)는 '법', '본보기'를 뜻하고, 칙(則)은 '법칙', '이치'를 뜻해요. 특히 칙(則)은 '반드시 지켜야 하는 것'이라는 의미가 있답니다. 그래서 과학적으로 규칙은 '자연, 현상, 사물이 존재할 때 필요한 질서'를 뜻해요.

또한 규(規)의 '법', '모범으로 삼다'와 칙(則)의 '법칙', '본보기로 삼다'라는 뜻을 합치면 '모범이나 본보기로 삼다'라는 의미가 만들어지지요? 그래서 생활적으로 규칙은 '여러 사람이 다 함께 지키기로 정한 법칙', '어떤 집단에서 반드시 지켜야 할 약속'을 말하게 됐답니다.

과목별

사물이나 현상이 일어나는 일정한 방식이나 질서.

예문
- 층층나무는 나뭇가지가 규칙적으로 마디마다 층을 이룬다.
- 중력은 물체의 무게가 무거울수록 커진다는 규칙이 있다.

생활 속

반드시 지켜야 할 약속.

예문
- '낮, 낫, 낯'은 표기는 달라도 종성 규칙에 따라 모두 '낟'으로 발음된다.
- '듣다'는 '들어, 들었다, 들으면'처럼 앞 글자가 바뀌는 불규칙 동사이고 '묻다'는 '묻어, 묻으니, 묻으면'처럼 앞 글자가 그대로인 규칙 동사이다.
- 운동 경기는 규칙을 알면 더 재미있게 볼 수 있다.
- 우리 집은 숙제를 끝내야 놀 수 있는 규칙이 있다.

꼬리에 꼬리를 무는 과학 어휘!

규칙

규칙성

규칙에 맞는 성질. 또는 규칙이 있는 성질.

규칙 반사

전자파, 음파, 수면파 등이 반사하면 반사 파동은 정해진 방향으로만 진행되는 현상.

앨런의 규칙

추운 곳에 사는 동물의 귀, 주둥이, 목, 다리, 날개, 꽁지 등이 따뜻한 곳에 사는 동물의 것보다 짧은 현상.

불규칙

규칙에서 벗어나 있음. 규칙이 없음.

대각선 규칙

주기율표의 대각선에 있는 원소들이 유질 동상(서로 성질은 다르지만 비슷한 결정 구조를 가지는 것)을 일으키는 현상.

비슷한 말을 알아봐요.

법칙(法則) 반드시 지켜야만 하는, 변하지 않는 규칙.

[과학] 뉴턴은 떨어지는 사과를 보고 만유인력의 법칙을 발견했다.

[생활] 사람이 태어나서 죽는 것은 누구도 어길 수 없는 법칙이다.

질서(秩序) 순조롭게 이뤄지게 하는 사물의 순서나 차례.

[과학] 생태계에서 생물들 간의 먹고 먹히는 질서를 '먹이 사슬'이라고 한다.

[생활] 안전을 위해서는 교통질서를 지켜야 한다.

BONUS 학습도구어 더하기 - 속담, 관용어, 사자성어

속 마구 뚫은 창

아무 규칙 없이 함부로 행동함.

관 닭이 헤집어 놓은 것 같다

세워진 규칙이 없이 몹시 어지럽고 무질서함.

사 수미일관(首尾一貫)

처음과 끝이 하나로 이어지거나 규칙이 일관되게 유지됨.

난이도 ★★☆☆☆

7 물질

강을 변하게 한 오염된 물처럼
과학에서 '물질'이란 어떠한 일을
일으킬 수 있는 '것'을 말해요.

물질은 이럴 때 쓰는 말이에요.

오늘 옥 선생님과 아이들은 거무죽죽하게 변해 버린 오염된 강을 찾았답니다.

"얘들아, 이 강은 몇 년 전까지만 해도 물고기와 새들이 평화롭게 살던 곳이었어. 그런데 근처 공장에서 계속해서 더러운 찌꺼기가 섞인 물과 같은 오염 물질을 강에 몰래 버렸다고 해. 결국 물고기와 새들은 점점 사라져 버렸단다."

"선생님, 어제 저도 아빠한테 들었어요. 공장에서 버린 오염 물질이 땅으로 흡수되면서 마을의 논과 밭, 과수원까지 모두 못쓰게 됐다고요. 도대체 왜 그랬을까요?"

은수가 화가 난 얼굴로 말했어요.

"선생님이 알아봤더니 더러운 물을 처리하는 비용을 아끼기 위해 일을 저질렀다고 하더구나."

자연과 이웃은 생각하지 않고 물질적인 여유로움을 좇으며 비용만 생각한 공장 사람들의 이기심으로 결국 평화롭던 마을은 오염이 가득한 마을이 돼 버렸어요.

이렇게 과학적 의미의 물질은 강과 땅을 오염시킨 물처럼 '어떠한 일을 일으키는 무언가'를 말하고, 생활적 의미의 물질은 '재산이나 재물, 돈'을 말해요.

이런 뜻이에요.

물질의 물(物)은 '물건', '사물'을 뜻하고, 질(質)은 '바탕', '본질'을 뜻해요. 두 글자를 합치면 '물건을 이루는 바탕'이라는 의미가 만들어져요. 결국 과학에서 **물질**은 '공간을 차지하고 무게가 있는 모든 것'을 뜻하게 됐어요.

또한 물(物)의 '재물', '제품', '물건'이라는 뜻과 질(質)의 '본질', '품질'이라는 뜻을 합쳐 볼까요? 이것은 생활에서 쓰이는 **물질**로 '재물이나 재산', '만들어진 제품', '상품'을 의미한답니다. 돈이 많은 것은 '물질적으로 여유롭다'라고 하며 지진으로 건물이나 길이 망가지면 '물질적인 손해를 입었다'라고 하는 것처럼 말이에요.

과목별

물체가 가지고 있는 본바탕.

예문

- 설탕은 물에 잘 녹는 **물질**이다.
- 쑥에 있는 요모긴과 테미시닌이란 **물질**은 암세포를 없애는 데 도움을 준다.

생활 속

돈, 재산, 재물 등을 통틀어 말함.

예문

- 너무 **물질**에만 욕심을 내면 마음이 병들 수도 있다.
- 할아버지께서는 젊은 시절에 **물질**적으로 어려움을 겪으셨다.

꼬리에 꼬리를 무는 과학 어휘!

물질

물질과학

세상에 있는 모든 물질과 그 움직임, 힘, 에너지 같은 현상을 연구하는 과학.

화학 물질

화학적 방법으로 사람이 만든 물질. 소금, 설탕, 금 등이 있어요.

기피 물질

냄새나 맛으로 생물을 쫓는 물질.

유인 물질

생물을 꾀어 들이는 물질. 모기는 이산화 탄소를, 파리는 암모니아 냄새를 좋아해요. 그래서 이 냄새를 이용해 벌레를 잡기도 한답니다.

신경 전달 물질

세포나 근육에 정보를 전달하는 물질.

비슷한 말을 알아봐요.

물체(物體) 구체적인 형태를 가지고 있는 것.

[과학] 태양이나 별처럼 스스로 빛을 내는 물체를 광원이라고 부른다.

[생활] 거무죽죽하고 미끄덩한 촉감을 가진 이상한 물체는 미역이었다.

형체(形體) 물건의 생김새나 바탕이 되는 몸체.

[과학] 산성비는 문화재의 형체를 훼손하므로 조심해야 한다.

[생활] 밝은 빛이 비치자 멀리서 다가오고 있는 사람의 형체가 보였다.

BONUS 학습도구어 더하기 - 속담, 관용어, 사자성어

속 거지는 논두렁 밑에 있어도 웃음이 있다

물질적으로는 가난하더라도 마음의 행복은 얼마든지 있을 수 있음.

관 같은 값에

이렇게 하든지 저렇게 하든지 물질이나 노력이 드는 정도가 마찬가진데.

사 물아일체(物我一體)

물질과 정신이 따로 떨어지지 않고 어울려 하나가 됨.

작은 벌레
큰 벌레
나무 속 벌레
열매와 씨
새싹과 열매
선인장 줄기

2장

ㅂ으로 시작하는 학습도구어

반응 | 발달 | 발생 | 변형

변화 | 보존 | 분리 | 분산

분석 | 분포 | 분화

난이도 ★★☆☆☆

8 반응

베이킹 소다와 식초가 만나면 폭발하는 것처럼 과학에서 '반응'은 두 물질이 만나 새로운 성질의 물질을 만들어 내는 일을 말해요.

반응은 이럴 때 쓰는 말이에요.

"얘들아, 오늘은 화산 폭발 실험을 할 거야. 진짜 화산이 폭발하는 건 아니니까 무서워하지 않아도 돼. 선생님이 대표로 안전하게 실험할 테니까 너희는 마스크를 끼고 잘 지켜보렴. 이 실험은 베이킹 소다와 식초가 만나면 부글부글 끓어오르며 탄산 가스와 초산 나트륨이 만들어지는 화학 반응을 이용한 실험이란다."

안전 장비를 착용한 선생님이 조심스럽게 비커에 베이킹 소다와 식초를 섞자 잠시 후 보글보글 거품이 섞인 액체가 비커 밖으로 흘러나오기 시작했어요.

"와! 선생님, 마치 화산이 폭발하는 것 같아요. 부글부글 끓어올라요!"

철수는 깜짝 놀랐고 겁이 많은 수지는 선생님 뒤에 숨었으며 은서는 이 화학 반응이 흥미롭다는 듯 가까이 다가가서 구경했어요.

같은 실험인데도 불구하고 이렇게 모두 다른 반응을 보였답니다.

이렇게 과학적 의미의 반응은 '두 개 이상의 물질이 서로 영향을 미쳐 일으키는 변화'를 말하고, 생활적 의미의 반응은 '자극에 대해 보이는 동작이나 태도'를 말해요.

이런 뜻이에요.

반응의 반(反)은 '돌이키다', '반대하다'를 뜻하고, 응(應)은 '응하다', '찬성하다'를 뜻해요. 여기서 '돌이키다'라는 것은 '원래 하려고 했던 것에서 방향을 바꾸는 것'을 말해요. 두 글자를 합치면 '방향이 바뀌어 응해지다'라는 의미가 만들어져요. 그래서 과학적 의미의 반응은 '두 개 이상의 물질이 만나 성질이 바뀌거나 새로운 성질이 되는 것'을 말한답니다.

또한 반(反)의 '돌아오다'라는 뜻과 응(應)의 '대답하다', '맞장구치다'라는 뜻을 합치면 '돌아오는 대답'이라는 의미가 만들어지지요? 이것은 상황에서 '돌아오는 행동', '보이는 행동', '떠오르는 느낌이나 생각'이라는 뜻으로 사용될 수 있어요. 이를 생활에서 쓰이는 반응이라고 한답니다.

과목별

두 개 이상의 물질이 만나 일으키는 변화.

예문

- 흑설탕에 이스트를 섞으면 생기는 이산화 탄소 반응으로 모기를 쫓을 수 있다.
- 선인장은 온도와 습도에 민감하게 반응한다.

생활 속

벌어진 일에 대한 생각과 행동.

예문

- 반응이 빠른 민수는 떨어지는 컵을 잡았다.
- 잠든 고양이는 건드려도 별다른 반응이 없었다.

꼬리에 꼬리를 무는 과학 어휘!

반응

화학 반응

두 물질 사이에 변화가 일어나 다른 물질로 변화하는 과정.

면역 반응

바이러스가 들어왔을 때 몸 안에서 일어나는 반응.

반응물

반응을 위해 쓰이는 물질.

반응 장치

일정한 화학 반응을 만들기 위한 기구.

열화학 반응

열을 에너지 원천으로 진행되는 반응.

비슷한 말을 알아봐요.

감응(感應) **물체가 빛, 전기, 열의 영향으로 전기나 자기장을 띰. 마음이 움직임.**

[과학] 이 안경은 빛에 감응하면 색깔이 변한다.

[생활] 형은 슬픈 영화를 봐도 별 감응이 없다.

대응(對應) **어떤 일에 맞춘 태도나 행동.**

[과학] 연구실에는 정전에 대응해 비상 발전기가 있다.

[생활] 형이 내 말에 신경질적으로 대응해서 기분이 나빴다.

BONUS

학습도구어 더하기 - 속담, 관용어, 사자성어

속 쓰다 달다 말이 없다

어떤 일에 대해 아무런 반응이나 의사 표시가 없음.

관 이도 안 들어가다

어떤 말이나 행동을 해도 도무지 반응이 없음.

사 동문서답(東問西答)

물음과는 전혀 상관없는 엉뚱한 대답을 하며 질문에 제대로 반응하지 못함.

난이도 ★★☆☆☆

9 발달

저기압의 세력이 점점 커지는 것처럼 과학에서 '발달'은 날씨에 관련된 조건이 점점 힘을 키워 가는 일을 말해요.

발달은 이럴 때 쓰는 말이에요.

"선생님! 저희 다 젖었어요. 학교 오는 길에 갑자기 비가 마구 쏟아졌다니까요."

투덜거리는 아이들 사이로 학교 축구 선수인 민철이가 들어왔어요.

"헤헤. 난 발달된 다리 근육을 이용해 마구 뛰었지. 너희보단 비를 조금 맞았지?"

우산을 쓰고 여유 있게 등교한 수민이도 장난스럽게 말했어요.

"얘들아, 우리는 현대인이야. 발달된 문명을 이용해야지. 난 아침마다 핸드폰으로 날씨를 검색하거든. 소나기가 온다길래 우산을 준비했지. 히히."

옥 선생님은 걱정스러운 표정으로 아이들에게 수건을 건넸어요.

"요즘 날씨는 저기압이 발달하고 있어서 소나기가 잦을 거야. 수민이처럼 가방 안에 작은 우산을 넣고 다니는 게 좋겠구나. 그래도 옛날에는 배수 시설이 덜 발달해서 홍수가 나면 피해가 컸었어. 요즘에는 발달한 기술 덕분에 비가 자주 와도 피해가 없어서 다행이지."

이렇게 과학적 의미의 발달은 '태풍, 구름 등 기후적인 것의 규모가 점점 커지는 것'과 '우리 몸이 성장하고 나아지는 것'을 말하고, 생활적 의미의 발달은 '기술, 문명 등이 예전보다 더 좋아지는 것'을 말해요.

이런 뜻이에요.

발달의 발(發)은 '피다', '일어나다', '드러내다'를 뜻하고, 달(達)은 '도달하다', '통하다'를 뜻해요. 여기서 '도달하다'라는 것은 '원하는 수준에 다다른 것'을 뜻하지요. 두 글자를 합치면 '목적한 곳', '원하는 수준에 다다른 것을 드러내다'라는 의미가 만들어져요. 그래서 과학에서 발달은 '우리 몸과 지능, 마음이 성장하고 발전하는 것'을 말한답니다. 또한 기후에서 '기압, 태풍 등의 규모가 점차 커지는 것'도 발달이라고 해요.

또한 발(發)의 '나타나다', '일어나다'라는 뜻과 달(達)의 '지식, 기술 등을 훤히 알다', '어떤 장소나 시간에 이르다'라는 뜻을 합치면 생활에서 사용하는 발달이 된답니다. 이것은 '학문, 기술, 문명, 사회 등이 점점 발전해 더 나아지는 것'을 가리킬 때 사용해요. 또한 '어떤 현상이 점차 커지는 것'을 이를 때도 발달이 쓰인답니다.

과목별

기압이나 태풍이 점점 커짐. 신체, 지능, 정서가 성장하고 좋아짐.

예문

- 열대성 저기압이 발달하면 장마가 시작되면서 많은 비가 내린다.
- 청소년기에는 급속한 신체 발달이 이뤄진다.

생활 속

학문, 기술, 문명, 사회 현상이 더 나아지고 좋아짐.

예문

- 존댓말의 발달은 우리말이 가진 특징이다.
- 역사적으로 철기를 사용하면서 농업 기술이 더욱 발달했다.
- 인터넷의 발달은 전 세계를 하나의 문화로 엮는 역할을 했다.

꼬리에 꼬리를 무는 과학 어휘!

발달

발달 장애

지적 장애나 자폐성 장애처럼 몸과 마음이 잘 자라지 않거나 늦게 자라서 생활하는 데 어려움이 있는 것.

발달 단계

몸과 마음이 자라는 과정을 몇 단계로 나눈 것.

수직 발달운

위로 길게 퍼진 구름.

발달 지수

몸과 마음이 얼마나 자랐는지 나타내는 숫자.

발달 연령

신체나 정신의 발달 정도를 나타내는 나이.

비슷한 말을 알아봐요.

발전(發展) 일이 더 좋은 방향으로 전개됨.

[과학] 간염은 간암으로 발전할 수 있으니 잘 살펴야 한다.

[생활] 좋은 생활 습관은 자기 발전에 도움이 된다.

번성(蕃盛/繁盛) 한창 왕성하게 일어나 퍼짐.

[과학] 따뜻한 기온은 풀과 나무를 더욱 번성하게 했다.

[생활] 불교는 고려 시대에 크게 번성했다.

BONUS 학습도구어 더하기 - 속담, 관용어, 사자성어

속 다람쥐 쳇바퀴 돌 듯

더 발달하지 못하고 제자리걸음만 함.

관 뒤를 밀다

빨리 발달되고 발전할 수 있도록 도와줌.

사 자강불식(自強不息)

스스로 끊임없이 힘써 나가며 성장하고 발달해 나가려는 태도를 이름.

난이도 ★★☆☆☆

10 발생

물이 고인 곳에 모기들이 생겨난 것처럼
과학에서 '발생'은 어떤 일이
나타나는 것을 말해요.

발생은 이럴 때 쓰는 말이에요.

"얘들아, 선생님은 어젯밤에 모기 때문에 잠을 설쳤단다. 결국 팔을 물렸지. 휴, 가려워."

옥 선생님은 모기에게 물려서 빨갛게 부은 팔을 아이들에게 보여 줬어요.

"선생님, 이 성가신 모기들은 도대체 어디서 발생하는 걸까요?"

"여름 밤잠을 설치게 하는 모기는 물이 고인 곳에 알을 낳고 자란단다. 하수구, 길거리 물웅덩이, 심지어 무심코 버린 물기 있는 쓰레기에서도 발생하지."

그때 지수가 손을 번쩍 들며 말했어요.

"선생님! 전 모기 말고도 밤잠을 설치게 하는 것을 알고 있어요. 저와 아빠의 머릿속에는 야식을 먹고 싶다는 생각이 소음처럼 자주 발생하거든요! 그러면 잠이 저 멀리 달아나고 아빠와 함께 몰래 야식을 먹는 거죠. 물론 다음 날에는 아빠와 저의 뱃살 발생 현상도 어김없이 따라오지만 말이에요. 히히."

옥 선생님과 아이들은 지수의 말에 한바탕 웃었답니다.

이렇게 과학적 의미의 발생은 '과학적으로 현상이나 사물, 생물이 생겨나는 것'을 말하고, 생활적 의미의 발생은 아빠의 뱃살이나 야식 생각처럼 '원래는 없었던 것이 생기는 것'을 말해요.

이런 뜻이에요.

발생의 발(發)은 '나타나다', '드러내다'를 뜻하고, 생(生)은 '생기다', '자라다'를 뜻해요. 두 글자를 합치면 '나타나 생기다'라는 의미가 만들어져요. 그래서 '과학적으로 새로운 사실이나 현상, 사물 등이 새로 생기고 나오는 것'을 과학에서 **발생**이라고 한답니다.

또한 발(發)의 '꽃이 피다'라는 뜻과 생(生)의 '나오다', '내놓다'라는 뜻을 합치면 생활에서 쓰이는 **발생**이 만들어져요. '보이지 않는 머릿속의 생각이나 소리, 물건이 생겨나는 것'을 말한답니다.

과목별

과학적으로 사실, 현상, 사물, 사건 등이 생겨남.

예문

- 드라이아이스와 물이 만나 **발생**하는 하얀 기체는 이산화 탄소이다.
- 현대 과학으로 지진 **발생**일을 정확히 예측하는 것은 불가능하다.

생활 속

일, 생각, 물건 등 없었던 것이 나타나거나 생겨남.

예문

- 사건이 **발생**하고 한 달 만에 범인이 잡혔다는 뉴스를 봤다.
- 화재가 **발생**하면 119에 신고해야 한다.

꼬리에 꼬리를 무는 과학 어휘!

발생

발생기
어떤 일이나 사물이 생겨나는 때.

직접 발생
동물이 성체가 될 때까지 뚜렷한 변태(모습이 바뀜)가 없음.

자연 발생설
생물은 생물이 아닌 것에서 저절로 생길 수도 있다고 주장하는 학설.

발생량
사물이 생겨나거나 나타나는 분량.

간접 발생
동물이 성체가 될 때 뚜렷한 변태의 과정을 거침.

비슷한 말을 알아봐요.

생성(生成) 사물이 생겨남. 전에 없던 것이 생김.

[과학] 과학자들은 태양계의 생성 과정을 오랫동안 연구해 왔다.

[생활] 김치는 시간이 지날수록 우리 몸에 좋은 유산균을 생성한다.

출현(出現) 나타나거나 나타나서 보임.

[과학] 스마트폰의 출현은 우리 생활을 크게 바꿔 놓았다.

[생활] 갑작스러운 아빠의 출현으로 나는 깜짝 놀랐다.

BONUS 학습도구어 더하기 - 속담, 관용어, 사자성어

속 씨를 뿌리면 거두게 마련이다

일한 보람이나 결과는 반드시 발생함.

관 열매(를) 맺다

노력한 일에는 반드시 좋은 성과가 발생함.

사 무중생유(無中生有)

우주 만물은 무(無)에서 발생함.

난이도 ★★☆☆☆

11 변형

과학에서 '변형'은 용수철저울의 용수철처럼 탄성을 가진 물체의 모양이 바뀌는 것을 말해요.

변형은 이럴 때 쓰는 말이에요.

오늘은 용수철을 이용한 저울을 만들 거예요.

"얘들아, 지금 만들 용수철저울은 물체의 무게나 질량을 재는 기구란다. 그렇다면 용수철에는 어떤 특징이 있어서 저울을 만들 수 있는 걸까?"

아이들은 용수철을 잡아당겨서 늘여 보고 굴려 보며 자세히 관찰했어요.

"선생님! 이 용수철은 모양을 이리저리 잡아당겨서 변형시켜도 원래의 모양으로 되돌아와요. 그 성질을 이용한 게 아닐까요? 고무줄과 비슷한 것 같아요."

"맞아. 은수가 맞췄구나. 이렇게 힘을 받아 변형됐다가도 힘을 없애면 원래의 모양으로 되돌아가려는 성질인 '탄성'을 이용해서 저울을 만들 수 있는 거란다."

그때 혜미가 웃으며 말했어요.

"선생님, 우리 집에는 원래의 모양으로 돌아오지 않게 변형된 것이 있어요. 엄마가 제 옷을 잘못 세탁해서 옷이 작게 변형됐거든요. 지금은 동생이 입고 다녀요. 헤헤헤."

이렇게 과학적으로 변형은 '탄성이 있는 물체의 모양, 쓰임새, 사용 방법 등이 변하는 것'을 말하고, 생활에서 쓰이는 변형은 '일반 사물의 모양이 바뀌는 것'을 말해요.

이런 뜻이에요.

변형의 변(變)은 '변하다', '움직이다'를 뜻하고, 형(形)에는 '모양', '상태'를 뜻해요. 두 글자를 합치면 '모양과 상태가 변하고 움직이다'라는 의미가 만들어져요. 그래서 변형은 '쓰임새나 사용 방법, 모양, 부피, 무게 등이 달라지는 것'을 말해요. 특히 과학에서는 힘을 주면 부피와 모양이 바뀌었다가 그 힘이 없어지면 본래의 모양으로 되돌아가려고 하는 탄성체의 성질을 가진 사물에 변형이라는 단어를 사용해요. 탄성체의 형태나 부피가 바뀌는 일을 나타낼 때를 말한답니다.

또한 변(變)의 '변하다', '고치다'라는 뜻과 형(形)의 '모양', '나타나다'라는 뜻을 합치면 '형태나 모양 등을 고쳐서 다르게 나타내 보이다'라는 의미가 만들어지지요? 이것은 '어떤 것을 바꿔서 새로운 것을 만들다'라는 생활적인 의미의 변형이랍니다.

과목별

탄성을 가진 물질의 모양이 변함.

예문

- 고무줄 자동차가 움직이는 이유는 고무줄을 잡아당겼다가 놓을 때 고무줄 모양이 변형됐기 때문이다.
- 용수철저울에 너무 무거운 물체를 걸면 변형된 모양이 돌아오지 않기도 한다.

생활 속

사물의 모양을 바꿔 달라지게 함.

예문

- 한복을 변형시켜 만든 원피스는 아름다우면서 실용적이다.
- 페트병을 변형시켜 만든 물총으로 신나게 놀았다.

꼬리에 꼬리를 무는 과학 어휘!

변형

변형력

외부 힘에도 원래 모습을 지키려고 하는 물체의 힘.

변형률

물체가 힘을 받을 때 늘거나 줄어드는 비율.

유전자 변형 식품

농산물의 유전자를 바꿔서 생산량을 늘리거나 품질을 좋게 만든 식품. 인위적으로 유전자를 바꾼 모든 생명체를 지엠오(GMO)라고 불러요.

영구 변형

변형시킨 힘이 없어져도 원래 상태로 되돌아가지 않고 계속 바뀐 상태로 남아 있는 것.

변형균

세포벽이 없고 움직일 수 있는 원형질 덩어리인 변형체 균. 습한 곳이나 오래된 나무에 살면서 세균과 곰팡이 홀씨를 먹고 홀씨로 번식해요.

비슷한 말을 알아봐요.

변모(變貌) 모양이나 모습이 달라지거나 바뀜. 또는 그 모양이나 모습.

[과학] 곤충 대부분은 알에서 애벌레, 번데기, 성충으로 변모하는 과정을 가진다.

[생활] 우리 동네는 녹색 동네로 변모하기 위해 나무 심기 사업을 시작했다.

변화(變化) 사물의 성질, 모양, 상태가 바뀌어 달라짐.

[과학] 생태계는 오랜 세월 환경의 변화에 적응해 왔다.

[생활] 요즘에는 밤낮으로 기온의 변화가 심하다.

BONUS 학습도구어 더하기 - 속담, 관용어, 사자성어

속 앞으로 보나 뒤로 보나 정방산

어떻게 봐도 정방산은 정방산이지 같다는 뜻으로, 아무리 여러 가지로 변형돼도 결국은 같은 대상임.

관 오장이 뒤집히다

오장(간, 심장, 비장, 폐, 신장)이 변형될 정도로 화가 나고 분해서 견딜 수가 없음.

사 천변만화(千變萬化)

천 가지, 만 가지로 변형됨. 매우 다양하게 모양이나 상태가 변함.

난이도 ★★☆☆☆

12 변화

초록 잎이 알록달록 물든 단풍처럼 과학에서 '변화'는 사물이나 환경의 상태가 바뀌는 것을 말해요.

변화는 이럴 때 쓰는 말이에요.

"와! 얘들아. 창밖 좀 봐! 너무 아름다워!"

버스를 타고 체험 학습을 가는 길, 민수의 외침에 다 같이 창밖을 바라봤어요. 가을 단풍으로 알록달록 아름답게 변화하고 있는 산이 보였답니다.

"세상에! 나무의 계절 변화는 참 신기하지 않니? 엽록소가 파괴돼 나무속에 숨어 있던 색소들이 나오는 현상일 뿐이지만 말이야."

"어휴, 선생님. 이럴 때는 그렇게 과학적으로 분석하시지 마세요. 마음으로 아름다움을 느끼셔야죠. 가끔은 저희처럼 어린이의 마음으로 생각을 변화시켜 보시는 건 어떨까요?"

"하하하. 그래. 선생님이 너무 과학 선생님 같은 말만 했지?"

그때 버스 앞쪽 모니터에서는 한 학기 동안 반이 활동했던 모습이 나오고 있었어요.

"얘들아, 3월 새 학기를 시작할 때보다 점점 더 의젓해지고 남을 배려하는 모습으로 변화한 너희들이 참 기특하구나. 선생님 눈에는 창밖의 단풍보다 너희가 훨씬 더 아름답단다."

이렇게 과학적 의미의 변화는 '생물이나 사물의 모양, 상태, 환경 등의 성질이 바뀌는 것'을 말하고, 생활적 의미의 변화는 '마음가짐이나 지금의 모습 등이 달라지는 것'을 말해요.

이런 뜻이에요.

변화의 변(變)은 '변하다', '고치다'를 뜻하고, 화(化)는 '되다', '따르다'를 뜻해요. 두 글자를 합치면 '변하게 되다'라는 의미가 만들어져요. 그래서 과학적으로 변화는 '사물의 성질, 모양, 상태가 바뀌어 달라지는 것'을 말해요. 이때는 원래 가지고 있던 성질이 강해지거나 약해지기도 하고 새롭게 만들어지기도 한답니다.

또한 변(變)의 '변하다', '움직이다'라는 뜻과 화(化)의 '되다', '따르다'라는 뜻을 합치면 '변하는 것을 따르다'라는 의미가 만들어지지요? 그래서 생활적으로 변화는 '시간이 흘러감에 따라 모습이나 마음가짐, 생각이 계속 달라지다', '지나간 시간과 같지 않게 변하다'라는 뜻으로 사용된답니다.

과목별

사물, 환경 등의 상태, 성질이 달라짐.

예문

- 이 그래프는 시간에 따른 온도 변화를 나타낸 것이다.
- 화산 폭발 이후 주변 생태계가 변화했다.

생활 속

겉모습, 마음, 생각 등이 바뀌고 달라짐.

예문

- 6학년이 되자 내 마음가짐도 성숙하게 변화했다.
- 나는 이 책을 읽고 내 꿈을 변화시켰다.

꼬리에 꼬리를 무는 과학 어휘!

변화

기후 변화

일정한 지역에서 오랜 기간에 걸쳐 진행되는 기상의 변화.

변화율

달라진 만큼의 비율.

화학적 변화

어떤 물질이 다른 물질과 만나 새 물질로 바뀌는 일.

등압 변화

압력을 일정하게 유지하면서 온도, 부피 등을 변화시키는 일.

물리적 변화

물질의 성분은 그대로이고 움직임이나 상태만 바뀌는 현상. 증발(액체에서 기체로 변함)과 응고(액체가 굳어짐)가 있어요.

비슷한 말을 알아봐요.

변동(變動) 바뀌어 달라짐.

[과학] 정전이 돼 실험 결과에 변동이 생겼다.

[생활] 동생에게 변동된 여행 계획을 알려 줬다.

변모(變貌) 모양이나 모습이 달라지거나 바뀜. 또는 그 모양이나 모습.

[과학] 나비는 알에서 애벌레, 번데기의 과정을 거쳐 나비로 변모한다.

[생활] 사촌 동생은 1년 사이에 모습과 목소리가 놀랍도록 변모했다.

BONUS 학습도구어 더하기 - 속담, 관용어, 사자성어

속 고인[고여 있는] 물이 썩는다

흐르지 못하고 고여 있는 물은 썩는다는 뜻으로, 사람은 부지런하게 일하고 자신을 변화시켜야 함.

관 하루가 새롭다

사물의 변화가 두드러짐.

사 변화무쌍(變化無雙)

변화의 정도가 비할 데 없이 매우 심함.

난이도 ★★☆☆☆

13 보존

음식을 냉장고에 넣어서 상하지 않게 하는 것처럼 과학에서 '보존'은 원래 모습을 가능한 그대로 유지하는 일을 말해요.

보존은 이럴 때 쓰는 말이에요.

"어휴, 이게 무슨 냄새야! 교실에서 나쁜 냄새가 나요!"

"남은 음식들을 냉장고에 넣지 않아서 상했나 보구나. 큼큼. 얘들아, 이건 선생님이 냉장고가 음식을 어떻게 오래 보존하는 건지 알려 주기 위해 일부러 한 거란다. 에헴!"

아이들은 의심의 눈초리로 선생님을 바라보며 말했어요.

"냉장고 안은 시원해요! 거기에 음식 보존의 비밀이 숨어 있는 거죠?"

"맞았어! 세균은 낮은 온도에서 활동이 느려져. 그래서 음식이 상하는 속도가 늦어지는 거란다. 하지만 아예 멈추는 건 아니니 음식을 냉장고에 너무 오래 보존하면 안 돼."

그때 은지가 무엇인가 생각났다는 듯 말했어요.

"선생님, 저희 엄마는 음식뿐만 아니라 다른 것도 보존하고 계세요. 제가 태어났을 때 처음 입은 옷, 처음 자른 머리카락, 아기 때 제일 좋아했던 장난감 같은 거 말이에요. 헤헤헤!"

"와! 은지 어머니께서 은지의 추억도 잘 보존하고 계시는구나. 항상 감사하게 생각하렴."

이렇게 과학적 의미의 보존은 '잘 지켜서 원래 모습을 온전히 남아 있게 하는 것'을 말하고, 생활적 의미의 보존은 '물건이나 기억 등을 오랫동안 잘 유지하는 것'을 말해요.

이런 뜻이에요.

보존의 보(保)는 '지키다', '보호하다'를 뜻하고, 존(存)은 '있다', '보살피다', '편안하다'를 뜻해요. 두 글자를 합치면 '어떤 것을 지키고 보호하면서 잘 있도록 하다'라는 의미가 만들어져요. 그래서 과학에서 보존은 '자연, 물건 등을 보호하고 지켜서 원래의 상태를 잘 유지하는 것'을 말한답니다.

또한 보(保)의 '유지하다', '책임지다'라는 뜻과 존(存)의 '있다', '존재하다', '보살피다'라는 뜻을 합치면 '물건뿐 아니라 기억이나 추억 같은 마음속의 것도 잘 지키다'라는 보존의 생활적인 의미가 만들어져요.

과목별

환경, 자연, 실험 결과 등을 잘 지켜서 남김.

예문

- 형은 자연, 문화 보존 운동에 참여했다.
- 살균된 음식은 매우 오랜 시간 보존이 가능하다.

생활 속

물건, 기억 등을 지켜서 남김.

예문

- 독서는 기억력을 보존하는 데 도움을 준다.
- 이 책은 오래된 책이지만 보존 상태가 매우 좋다.

꼬리에 꼬리를 무는 과학 어휘!

보존

보존 법칙
자연이 변화할 동안에도 물질의 양은 변하지 않는 법칙.

보존제
약품을 오래 보존하기 위해 사용하는 물질.

보존 식품
오래 보존할 수 있도록 만든 식품.

질량 보존의 법칙
화학 반응 전과 후에 물질의 무게는 항상 같다는 원칙.

에너지 보존 법칙
물리적, 화학적 변화와 관계없이 전체의 에너지 양은 항상 일정하다는 물리학의 기본 원리.

비슷한 말을 알아봐요.

보전(保全) 온전하게 보호해서 유지함.

[과학] 모든 동물은 종족을 보전하기 위해 노력한다.

[생활] 할아버지께서는 우리 민요 보전에 힘쓰셨다.

보호(保護) 잘 지켜 원래대로 남아 있게 함. 잘 보살펴 돌봄.

[과학] 천연기념물로 지정된 동물은 잘 보호해야 한다.

[생활] 어린이는 부모님의 보호가 필요하다.

BONUS 학습도구어 더하기 - 속담, 관용어, 사자성어

속 **제삿술 가지고 친구 사귄다**

자신의 물건은 보존해 놓고 남의 것으로 생색냄.

관 **씨가 마르다**

아무것도 보존되지 않고 모조리 없어짐.

관 **씨를 말리다**

아무것도 보존하지 않고 모조리 없앰.

난이도 ★★☆☆☆

14 분리

바닷물로 소금을 얻는 것처럼 과학에서 '분리'는 '과학적인 활동'을 통해 섞여 있는 것들에서 필요한 것만을 떼어 내는 일을 말해요.

분리는 이럴 때 쓰는 말이에요.

과학실의 실험대 위에는 거름종이, 알코올램프, 비커, 소금, 물, 모래가 있어요.

"얘들아, 오늘은 우리가 바닷물을 만들고 거기서 소금만 분리해 내는 실험을 해 볼 거야. 우선 물과 소금, 모래를 섞어서 바닷물을 만들어 볼까?"

옥 선생님의 말에 아이들은 비커에 바닷물을 만들었어요.

"먼저 거름종이를 이용해 모래부터 분리해 보자. 거름종이에 바닷물을 부으면 위에는 모래가 남고 아래에는 소금물이 분리돼 나올 거야."

"선생님, 다음은 이 소금물을 끓이는 거죠? 햇볕이 물을 증발시키는 것처럼요."

성훈이의 말대로 소금물을 알코올램프로 끓이니 비커에는 하얀 소금 알갱이만 남았어요.

"선생님, 분리돼 만들어진 소금은 음식에 필요하잖아요? 저는 음식을 먹을 때 꼭 분리하는 게 있어요. 콩, 당근, 시금치가 나오면 옆에 분리해 두고 먹지 않거든요. 흐흐흐."

수민이의 말에 선생님은 건강을 위해서는 골고루 먹어야 한다고 충고했답니다.

이렇게 과학적 의미의 분리는 '실험, 연구, 약품 등으로 섞여 있는 물질에서 필요로 하는 물질만을 골라내는 것'을 말하고, 생활적 의미의 분리는 '다른 것과 구별되게 나누는 것'을 말해요.

이런 뜻이에요.

분리의 분(分)은 '나누다'를 뜻하고, 리(離)는 '떼어 놓다', '물건을 쪼개어 나누다'를 뜻해요. 그래서 과학적으로 분리는 '실험이나 약품을 이용해 필요한 것을 나누고 떼어 내는 것'을 말해요.

또한 분(分)의 '구별하다'라는 뜻과 리(離)의 '떼어 놓다'라는 뜻을 합치면 '구별해서 떼어 놓다'라는 의미가 만들어지지요? 그래서 생활적으로 분리는 '구별해 나누거나 필요에 따라 갈라놓는 것'을 말한답니다.

과목별

과학적인 방법으로 필요한 물질을 뽑아 냄.

예문
- 혼합물은 알갱이 크기의 차이를 이용해 분리하기도 한다.
- 이 기계는 액체 속에 녹아 있는 고체를 분리해 내는 기계이다.

생활 속

다른 것과 구별되게 나눔.

예문
- 재활용품은 일반 쓰레기와 분리해서 내놓아야 한다.
- 엄마는 겉옷과 속옷을 분리해서 세탁했다.

꼬리에 꼬리를 무는 과학 어휘!

분리

분리기

혼합물 속에서 모양이 다른 물질들을 분리해 내는 기계.

원심 분리기

원을 돌면서 밖으로 나가려는 힘을 이용해 액체와 고체를 나누는 장치. 농축, 탈수, 정제 등에 사용돼요.

분리 배양법

여러 종류의 세균이 섞여 있는 재료에서 특정한 세균만을 얻는 방법.

수압 분리기

물이나 액체의 압력으로 고체를 뜨게 해 분리하는 장치.

분리의 법칙

멘델의 유전 법칙 중 하나로, 우성(나타나는 특징)만 나타난 세대에서 우성끼리 만나도 다시 우성과 열성(잘 나타나지 않는 특징)이 함께 나타난다는 법칙.

비슷한 말을 알아봐요.

격리(隔離) 다른 것과 통하지 못하게 사이를 막거나 떼어 놓음.

[과학] 전염성이 강한 병의 환자는 격리가 필요하다.

[생활] 무서운 범죄를 저지른 사람은 사회에서 격리돼야 한다.

분별(分別) 서로 다른 일이나 사물을 구별해 가름.

[과학] 실험에서 사용한 도구는 새 도구와 분별해야 한다.

[생활] 나와 형은 분별이 안 될 만큼 닮았다.

BONUS 학습도구어 더하기 - 속담, 관용어, 사자성어

속 네 것 내 것 가리다

자기 일과 남의 일을 정확히 분리해서 자기 일만 함.

관 떨어지지 않는 발길

떠나고 싶지 않아 발이 땅에 딱 붙은 채 분리되지 않음. 발길이 내키지 않음.

사 사산분리(四散分離)

사방으로 흩어져 서로 분리됨. 또는 그렇게 떼어 놓음.

난이도 ★★★☆☆

15 분산

일곱 색깔로 나뉘어진 무지개처럼
과학에서 '분산'은 빛이 고유의 색으로
갈라지는 것을 말해요.

분산은 이럴 때 쓰는 말이에요.

"와! 얘들아, 하늘에 무지개가 떴어! 일곱 색깔이 엄청 선명해!"

아이들이 창밖의 무지개를 보며 감탄하고 있자 옥 선생님이 교실에 들어왔어요.

"짠! 과학 선생님 등장! 우리가 맑은 하늘에 무지개를 볼 수 있는 이유는 빛이 분산되기 때문이야. 빛이 여러 가지 색으로 흩어지는 것이지. 방금 비가 왔잖니? 그러면 공기 중에 보이지 않는 작은 물방울들이 많이 남아 있거든. 햇빛이 그 작은 물방울을 통과하면서 빛이 분산되고 여러 가지 색으로 나뉘어 보이는 거란다."

"선생님, 저희 할머니께서 맑은 날 텃밭에 샤워기처럼 생긴 호스로 물을 주실 때도 가끔 작은 무지개가 나타나서 정말 신기했거든요. 그것도 빛의 분산 때문이겠네요?"

"맞아. 소영이가 잘 이해했네. 얘들아, 무지개가 사라지기 전에 운동장에 나가 볼까?"

선생님의 말씀이 떨어지기 무섭게 아이들은 재빠르게 운동장으로 분산돼 나갔어요. 옥 선생님도 여기저기 분산된 실내화를 정리하신 후 운동장으로 나갔답니다.

이렇게 과학적 의미의 분산은 '빛이 각각의 색으로 나뉘는 것'을 말하고, 생활적 의미의 분산은 '사람이나 사물 등이 갈라지고 흩어지는 것'을 말해요.

이런 뜻이에요.

분산의 '분(分)'은 '나누다', '구별하다'를 뜻하고, 산(散)은 '흩어지다'를 뜻해요. 두 글자를 합치면 '나뉘어 흩어지다'라는 의미가 만들어져요. 과학에서는 '빛이 여러 색으로 나뉘는 현상', 예를 들어 무지개처럼 빛이 갈라지는 현상을 분산이라고 해요. 또 '에너지나 힘이 나누어지는 것'도 분산이라고 한답니다.

또한 분(分)의 '나누다', '떨어져 나가다'라는 뜻과 산(散)의 '흩어지게 하다'라는 뜻을 합치면 '나눠 흩어지게 하다'라는 의미가 만들어지지요? 그래서 생활에서 분산은 '사람이나 사물, 단체 등이 갈라져 흩어지는 것'을 뜻해요.

과목별

물리적인 에너지나 힘이 흩어짐. 빛이 각각의 색으로 갈라지는 현상.

예문

- 여러 개의 바늘 위에 풍선을 올렸을 때 터지지 않는 것은 힘이 분산됐기 때문이다.
- 뉴턴은 빛이 프리즘을 통해 일곱 가지 색상으로 분산되는 실험을 했다.

생활 속

단체, 사물, 사람 등이 나눠지고 흩어짐.

예문

- 위성 도시는 대도시로 집중되는 인구를 분산하기 위해 만들어졌다.
- 나는 용돈을 여기저기 분산해서 숨겨 놓았다.

꼬리에 꼬리를 무는 과학 어휘!

분산

교질 분산
우유, 비눗물, 먹물처럼 아주 작은 입자가 고루 퍼져 있는 액체.

분산성
갈라져 흩어지는 성질.

분산 원소
철, 금, 은처럼 광물 속에 아주 조금 들어 있는 원소(모든 물건을 이루는 가장 기본적인 재료).

분산점
볼록 거울이나 오목 렌즈에서 빛이 꺾여 모이는 점.

분산도
프리즘(빛을 여러 색으로 나누는 투명한 도구)으로 빛이 여러 색으로 나뉘는 정도.

비슷한 말을 알아봐요.

분포(分布) 동식물이 나고 자라는 범위. 일정한 범위에 흩어져 퍼져 있음.

[과학] 명태는 차가운 북태평양에 주로 분포한다.

[생활] 이 지도는 각종 직업의 분포도를 나타낸 지도이다.

확산(擴散) 흩어져 널리 퍼짐.

[과학] 개인위생을 철저히 하면 전염병의 확산을 막을 수 있다.

[생활] 1789년에 시작된 프랑스 혁명은 전 세계에 민주주의의 확산을 가져왔다.

BONUS 학습도구어 더하기 - 속담, 관용어, 사자성어

속 짜도 흩어진다

아무리 맞춰 짜도 자꾸 분산된다는 뜻으로, 자꾸 없어져 달아남.

속 한 입 건너고 두 입 건넌다

소문이 차차 널리 분산됨.

관 거미 알 까듯

거미가 알을 여기저기 분산해서 낳아 놓듯 어수선하고 산만하게 분산돼 어질러져 있음.

난이도 ★★★☆☆

16 분석

물의 오염도를 따져 보는 것처럼
과학에서 '분석'이란 물질에 든 것이
무엇인지 알아보는 일을 말해요.

분석은 이럴 때 쓰는 말이에요.

옥 선생님과 아이들은 함께 오염된 연못의 물을 비커에 담아 수질을 분석하는 기계에 떨어뜨렸어요.

"선생님. 이 기계가 연못의 물이 얼마나 더러운지 분석해 주나요?"

"맞아. 물이 얼마나 더러운지, 무슨 물질이 오염의 원인이 된 것인지도 알 수 있단다."

비커에 담긴 연못물을 보며 민수는 속상한 듯 말했어요.

"원래 이 연못은 잉어와 금붕어, 초록색 수초들이 다 함께 살고 있었어요. 하지만 요즘에는 냄새도 나고 누런 이끼만 가득해졌어요. 과자 봉지, 담배꽁초 같은 쓰레기도 많이 버려져 있고요."

아이들은 물고기와 수초가 사는 연못에 쓰레기를 버리는 사람들의 마음을 분석해 보고 싶다며 화를 냈어요. 그래서 내일은 연못 주변을 청소하기로 했답니다.

"내년에 수질을 분석하면 오염 물질이 줄었거나 아예 없다고 나왔으면 좋겠어요!"

아이들은 즐거운 상상을 하며 입을 모아 이야기했어요.

이렇게 과학적 의미의 분석은 '물질의 성분을 과학적인 방법을 통해 자세히 알아내는 것'을 말하고, 생활적 의미의 분석은 '복잡한 일이나 다른 사람의 마음을 알아보는 것'을 말해요.

이런 뜻이에요.

분석의 분(分)은 '나누다', '구별하다'를 뜻하고, 석(析)은 '쪼개다', '가르다'를 뜻해요. 두 글자를 합치면 '쪼개서 구별하다'라는 의미가 만들어져요. 그래서 '어떤 물질에 들어 있는 것을 과학적으로 잘게 나눠 무엇인지 알아보는 것'을 과학적 의미로 분석이라 한답니다.

또한 분(分)의 '구별하다'라는 뜻과 석(析)의 '밝히다'라는 뜻을 합치면 '구별해 밝히다'라는 의미가 만들어지지요? 이는 '복잡하게 일어난 일이나 사람들의 마음을 다양한 생각으로 풀어서 밝혀내다'라는 생활적 의미의 분석이랍니다.

과목별

물질의 성분을 과학적인 방법으로 조사해 알아내는 것.

예문

- 공장에서 나온 오염된 물이 연못을 더럽힌 것으로 분석됐다.
- 배탈을 일으킨 원인을 찾기 위해 먹은 음식들을 분석했다.

생활 속

얽혀 있거나 복잡한 것을 하나씩 풀어서 알아봄.

예문

- 경기에서 이기려면 상대 선수에 대한 분석이 필요하다.
- 동생이 화가 난 이유를 분석해 봤다.

꼬리에 꼬리를 무는 과학 어휘!

분석

오염 분석

산업이나 교통의 발달로 생기는 피해를 막기 위해 원인을 찾고 나쁜 물질을 조사하는 일.

식품 분석

식품이 어떤 영양소를 얼마큼 가지고 있는지 밝히는 일.

꽃가루 분석

꽃가루의 종류와 비율을 조사해 옛날 환경이 어땠는지 알아보는 일.

나이테 분석

나무의 나이테를 분석해 과거의 날씨를 추측하는 일.

수질 분석

물속에 있는 균이나 중금속 같은 성분을 분석해 물이 얼마나 오염됐는지 알아보는 일.

비슷한 말을 알아봐요.

검토(檢討) 어떤 사실이나 내용을 자세히 따져 봄.

[과학] 실험 과정을 검토해서 무엇이 문제였는지 찾아냈다.

[생활] 우리 반은 충분한 검토 끝에 합창곡을 정했다.

해석(解釋) 자세히 풀어서 세세하게 밝힘.

[과학] 선생님이 달의 끌어당기는 힘으로 생기는 밀물과 썰물을 잘 해석해 주셨다.

[생활] 시에 쓰인 단어들은 다양한 뜻으로 해석하기도 한다.

BONUS 학습도구어 더하기 - 속담, 관용어, 사자성어

속 같은 손가락에도 길고 짧은 것이 있다

같은 조건이라도 조금씩은 서로 차이가 있으니 잘 분석해 봐야 함.

관 그게 그거다

아무리 분석해 봐도 서로 별 차이가 없음.

사 일목요연(一目瞭然)

한눈에 뚜렷하게 알 수 있을 만큼 정리와 분석이 잘됨.

난이도 ★★☆☆☆

17 분포

노랑나비가 우리나라에 주로 살 듯 과학에서 '분포'란 생물이 태어나서 사는 범위를 말해요.

분포는 이럴 때 쓰는 말이에요.

교실 안으로 노랑나비 한 마리가 팔랑팔랑 들어왔어요. 모두 노랑나비에게 관심이 쏠렸답니다. 옥 선생님도 노랑나비를 반가워하며 말했어요.

"우리나라에 분포하는 대표적인 나비인 노랑나비구나. 우리나라에 주로 분포하는 나비는 200종류가 넘어. 노랑나비와 호랑나비, 배추흰나비가 제일 흔하단다. 전 지역에서 볼 수 있지."

그때 은수도 신나는 목소리로 이야기했어요.

"선생님, 저도 시골 할머니 댁 밭에서 배추흰나비를 자주 봐요. 지난주에도 가족들과 아빠 차가 아닌 버스를 타고 가서 재미있었어요."

"할머니도 뵙고 배추흰나비도 봐서 은수가 즐거웠겠네. 버스를 탔다고? 하긴 요즘은 시골 곳곳에도 버스 노선이 분포돼 있어서 가지 않는 곳이 없더구나. 이용하기도 편리하고 말이야."

이렇게 과학적 의미의 분포는 '동식물이 널리 퍼져 있는 범위'를 말하고, 생활적 의미의 분포는 '무언가가 여기저기 흩어져 퍼져 있는 것'을 말해요.

이런 뜻이에요.

분포의 분(分)은 '나누다'를 뜻하고, 포(布)는 '삼베', '펴다', '베풀다', '일을 벌이다'를 뜻해요. 여기서 '삼베'는 천의 종류로, 이 천을 넓게 펴서 부드럽게 다듬는 과정에서 포(布)의 '펴다', '베풀다'의 뜻이 나왔다고 해요. 그래서 과학적으로 분포는 '널리 퍼져 있는 것', '나뉘어서 퍼뜨리는 것'을 말한답니다.

또한 분(分)의 '나눠 주다', '구별하다'라는 뜻과 포(布)의 '펴다', '일을 벌이다'라는 뜻을 합치면 '일이 벌어진 범위', '일정한 범위에 흩어져 퍼져 있음'이라는 의미가 만들어지지요? 이는 생활적인 분포의 뜻이랍니다.

과목별

동식물이 나고 자라는 지리적인 범위.

예문

- 숲에 살고 있는 식물의 분포를 조사했다.
- 소나무는 우리나라 전체에 분포하므로 어디에서나 볼 수 있다.

생활 속

일정한 곳에 퍼져 있음.

예문

- 교통이 편리한 서울에 인구가 집중적으로 분포돼 있다.
- 이 산에는 곳곳에 작은 동굴들이 분포해 있다.

꼬리에 꼬리를 무는 과학 어휘!

분포

분포 경계선

특정한 동식물이 분포하는 지역이나 지대를 구분하는 선.

동물 분포

동물을 살고 있는 곳에 따라 나눈 것.

식물 분포

식물 종류나 무리가 공간적으로 구분돼 사는 일.

분포도

분포된 상태를 알아보기 쉽게 만든 도표나 지도.

수평 분포

지구의 위도와 평행하게 나타나는 생물의 분포.

수직 분포

땅의 높이나 물의 깊이에 따라 다르게 나타나는 생물의 분포.

비슷한 말을 알아봐요.

분산(分散) 갈라져 흩어짐.

[과학] 무지개는 빛의 분산으로 일어난다.

[생활] 보물찾기가 시작되자 모두 분산돼 종이를 찾기 시작했다.

산재(散在) 여기저기 흩어져 있음.

[과학] 김 박사님은 산재된 과학 이론을 하나로 묶었다.

[생활] 남해안에는 수많은 섬이 산재해 있다.

BONUS 학습도구어 더하기 - 속담, 관용어, 사자성어

속 콩도 닷 말 팥도 닷 말

어떤 것을 치우침 없이 공평하게 골고루 분포되게 함.

속 내 상주 되니 개고기도 흔하다

필요할 때는 없던 것이 필요 없어지니 갑자기 여기저기 분포하는 등 흔해짐.

난이도 ★★★☆☆

18 분화

갈라파고스 제도에 있는
다른 종류의 핀치들처럼 과학적으로
'분화'는 동물이 환경에 맞춰 특별하게
바뀌어 가는 일을 말해요.

분화는 이럴 때 쓰는 말이에요.

"얘들아, 오늘 너희들이 조사한 갈라파고스핀치에 대해 발표하는 시간이지? 어제 선생님이 설명한 것처럼 19개의 크고 작은 섬들로 이뤄진 갈라파고스 제도에 사는 핀치들은 각 섬의 환경과 먹이에 따라 부리 모양과 크기가 모두 다르단다. 과학자들은 이것을 보고 하나의 종이 서로 다른 환경에 적응하면서 여러 종으로 분화했을 것으로 추측했어. 결국 새로운 종으로 탄생해 분화한 것이지."

"선생님! 저희는 모둠별로 할 일들을 세분화했어요. 한 모둠씩 발표해 볼게요."

한 모둠은 비가 많이 오지 않아 딱딱하고 큰 씨앗이 많은 지역에 사는 핀치는 크고 뭉뚝한 부리를 가졌음을, 또 한 모둠은 씨앗이 많고 곤충이 풍부한 지역에 사는 핀치는 작은 부리를 가졌음을, 마지막 모둠은 꽃을 먹는 핀치는 뾰족한 부리를 갖고 있다는 사실 등을 발표했어요.

선생님은 아이들의 발표에 미소를 지었답니다.

"역시 일을 세분화해서 하니까 짧은 시간에도 많은 내용을 조사했구나. 잘했어."

이렇게 과학적 의미의 분화는 '동물이 환경에 적응하면서 새로운 종으로 바뀌는 것'을 말하고, 생활적 의미의 분화는 '하나를 여러 개로 나누는 것'을 말해요.

이런 뜻이에요.

분화의 분(分)은 '나누다', '나뉘어지다', '몇 개의 부분으로 갈라지다', '떨어져 나가다'를 뜻하고, 화(化)는 '되다', '바꾸다'를 뜻해요. 두 글자를 합치면 '몇 개로 나뉘어 갈라지고 나누어짐'이라는 의미가 만들어져요. 그래서 과학적으로 분화는 '살아 있는 생물의 몸이나 세포가 환경이나 역할에 맞게 구조나 기능이 바뀌는 것'을 말한답니다.

또한 분(分)의 '나누다', '구별하다'라는 뜻과 화(化)의 '되다', '따르다'라는 뜻을 합치면 '나뉘어 여러 갈래로 갈라지는 것'이라는 생활 속 분화의 뜻이 만들어진답니다.

과목별

살아 있는 생물의 형태나 기능이 변화하는 것.

예문

- 아기 때는 미각의 분화가 더뎌 맛을 구별하기 힘들다.
- 개는 늑대에서 분화된 동물로 알려져 있다.
- 고릴라와 오랑우탄은 인간이 분화하기 훨씬 전에 분화했다.

생활 속

단순하거나 같던 것이 점점 복잡하거나 여러 갈래로 나뉘는 것.

예문

- 지역적인 원인으로 언어의 분화가 일어나면서 사투리가 생겼다.
- 언어는 인류가 흩어지면서 자연스럽게 분화됐다.
- 예전보다 직업이 더 세밀하게 분화되고 전문화됐다.
- 인도의 신분 제도인 카스트 제도는 사회를 분화시켰고 발전을 더디게 했다.

꼬리에 꼬리를 무는 과학 어휘!

분화

미분화

아직 분화하지 않음.

세분화

사물이 여러 갈래로 자세히 갈라짐. 또는 그렇게 갈라지게 함.

탈분화

분화된 조직이나 세포가 특징을 잃고 단순한 모습으로 변하는 현상.

조직 분화

미분화된 세포에 특별한 성질이 생겨 조직을 이루는 과정.

생리적 분화

생물의 기관과 조직이 제 역할을 하도록 바뀌는 일.

비슷한 말을 알아봐요.

복잡(複雜) 일이나 물건, 감정, 생각이 여러 가지로 얽히고 어수선함.

[과학] 우리 몸의 신경은 매우 복잡한 기계처럼 짜여 있다.

[생활] 복잡한 백화점에서 장갑을 잃어버렸다.

세분(細分) 사물을 여러 갈래로 자세히 나누거나 잘게 가름.

[과학] 척추동물은 포유류, 조류, 파충류, 양서류, 어류로 세분할 수 있다.

[생활] 내일 발표할 내용을 좀 더 세분해서 정리했다.

BONUS 학습도구어 더하기 - 속담, 관용어, 사자성어

속 달걀로 치면 노른자다

분화돼 나온 것 중에 가장 중요한 부분을 이름.

관 가지(를) 치다

하나의 근본에서 여러 갈래로 분화됨.

관 천 갈래 만 갈래

아주 많이 분화된 여러 갈래를 이름.

3장

ㅅ~ㅈ으로 시작하는 학습도구어

상태 | 성장 | 성질 | 수용 | 실험

에너지 | 위치 | 자극 | 자연

작용 | 적응 | 전달

난이도 ★★★☆☆

19 상태

물이 온도에 따라 모습을 바꾼 것처럼 과학에서 '상태'는 물질이 외부 조건에 따라 모양을 바꾸는 일을 말해요.

상태는 이럴 때 쓰는 말이에요.

오늘은 온도에 따라 물의 상태가 어떻게 바뀌는지 알아보는 시간이에요. 그래서 옥 선생님은 알코올램프 위 비커에 보글보글 물을 끓이고 있답니다. 아이들은 다양한 물의 상태를 자세히 관찰하고 무게와 부피도 재어 봤어요.

"냉동실에 넣어 뒀던 액체 상태의 물은 고체인 얼음으로 상태가 변했어요. 무게는 변화가 없지만 부피는 커졌어요."

"끓인 물은 무게가 줄었어요. 수증기로 상태가 변해 공기 중으로 날아간 것 같아요."

실험이 끝나고 나영이가 말했어요.

"선생님! 고체, 액체, 기체로 다양하게 변하는 물의 상태 변화는 마치 사계절 같기도 해요. 눈이 녹으면 봄이 오고 그다음엔 물이 끓듯 무더운 여름이 오잖아요."

"와, 나영이가 이렇게 아름다운 생각을 하다니! 이 상태로 쭉 간다면 유명 작가님이 되는 건 시간문제겠는걸? 하하하."

이렇게 과학적 의미의 상태는 '물질이 온도 등의 외부 조건에 따라 달라지는 모양새'를 말하고, 생활적 의미의 상태는 '일이 돼 가는 모양, 사람이나 사물이 그대로 놓여 있는 것'을 말해요.

이런 뜻이에요.

상태의 상(狀)은 '모양', '나타내다'를 뜻하고, 태(態)는 '형태', '모양을 내다'를 뜻해요. 두 글자가 합쳐져 과학에서 쓰일 때는 '물질의 현재 모습'을 말해요. 이것은 '온도, 압력, 자기장 등의 물리적인 에너지의 영향을 받았을 때의 변화된 모습'을 뜻하기도 한답니다. 이것이 과학적인 의미의 상태예요.

또한 상(狀)의 '모양', '상태'라는 뜻과 태(態)의 '모습', '모양'이라는 뜻을 합치면 '모양', '모습'의 의미가 겹쳐 있는 것을 볼 수 있지요? 강조한다는 뜻일 거예요. 그래서 생활에서 사용하는 상태는 '사물이나 일어난 일이 일정한 때에 놓여 있는 모양새나 형편'을 말한답니다.

과목별

온도에 따른 물질의 모양.

예문

- 물 분자가 낮은 온도에 더 이상 움직이지 않게 된 상태가 얼음이다.
- 하얀 수증기는 아주 작은 액체 상태의 물이 보이는 것으로, 기체 상태가 되면 물은 보이지 않는다.

생활 속

일이 돼 가는 모양새. 사물이 놓여 있는 모양.

예문

- 이곳은 숲을 자연 그대로의 상태로 보존했다.
- 동생은 한 시간째 화난 상태이다.

꼬리에 꼬리를 무는 과학 어휘!

상태

무균 상태

세균이나 바이러스 같은 미생물이 전혀 없는 깨끗한 상태.

상태 변화

물질이 한 상태에서 다른 상태로 바뀌는 현상.

혼수상태

몸에 일어나는 일을 모를 정도로 정신을 잃어 자극에도 반응하지 않는 상태.

진공 상태

아무것도 없는 상태. 물질이 전혀 없는 곳.

무중력 상태

무게를 느끼지 않는 상태. 인공위성이나 우주선 내부처럼 우주 공간에서 나타나요.

비슷한 말을 알아봐요.

광경(光景) 벌어진 일의 형편과 모양.

[과학] 오로라는 말로 표현할 수 없을 만큼 신비로운 광경이었다.

[생활] 창밖에 눈 내리는 광경이 한 편의 그림 같다.

모양(模樣) 겉으로 나타난 생김새나 모습.

[과학] 곤충의 겹눈은 낱눈이 벌집 모양으로 모여 생긴 눈이다.

[생활] 진열대에는 갖가지 모양의 머리핀들이 놓여 있었다.

BONUS 학습도구어 더하기 - 속담, 관용어, 사자성어

속 구르는 돌은 이끼가 안 낀다

머무르는 상태에 있지 않고 꾸준히 노력하는 사람은 계속 성장하고 발전함.

속 쌀독에 앉은 쥐

부족함이 없이 넉넉한 상태에 놓임.

관 비 오듯

화살이나 총알 등이 많이 날아오는 상태를 말하거나 눈물, 땀이 줄줄 쏟아짐.

난이도 ★★☆☆☆

20 성장

방울토마토의 키가 자라고 줄기가 두꺼워진 것처럼 과학에서 '성장'은 동식물이 자라서 점점 커지는 일을 말해요.

성장은 이럴 때 쓰는 말이에요.

"얘들아. 오늘은 방울토마토가 그동안 얼마나 성장했는지 길이를 한번 재어 볼까?"

"네!"

옥 선생님이 긴 줄자를 늘이며 교실을 둘러봤어요. 방울토마토가 열린 화분, 키가 아주 큰 화분, 줄기가 꼬불꼬불한 화분이 있었답니다.

"우리 반이 방울토마토가 잘 성장할 수 있도록 물도 잘 주고 시든 잎도 떼어 주며 정성스럽게 키웠구나. 기특한걸."

그때 시현이가 말했어요.

"사실 가끔은 귀찮을 때도 있었는데 부지런하게 방울토마토를 돌보면서 제 마음도 한층 성장한 것 같아요. 너무 보람차고 뿌듯해요!"

이렇게 과학적 의미의 성장은 방울토마토처럼 '생명을 가진 것이 점점 크게 자라는 것'을 말하고, 생활적 의미의 성장은 시현이가 느낀 것처럼 '마음이 자라 뿌듯함을 느낀 순간'을 말해요.

이런 뜻이에요.

성장의 성(成)은 '이루다'를 뜻하고, 장(長)은 '길다', '크다', '자라다'를 뜻해요. 그래서 과학적으로 성장은 '사람이나 동식물들의 키와 무게가 커짐'이라는 뜻을 가지게 됐어요.

또한 성(成)의 '갖춰지다', '어른스럽게 되다'라는 뜻과 장(長)의 '낫다', '우수하다'라는 뜻이 합쳐지면서 '사람의 생각, 마음 등이 점점 어른스럽게 되고 나아짐'이라는 생활적 의미의 성장을 뜻하게 됐답니다.

과목별

사람이나 동물, 식물 등의 무게가 늘거나 키가 점점 커지고 자람.

예문

- 대나무는 소나무보다 성장 속도가 빠르다.
- 햇빛은 대부분 식물의 성장에 필요하다.

생활 속

집단의 크기가 커지거나 사람이 어른스러워짐.

예문

- 나는 중학생이 되자 키가 커진 만큼 마음도 성장했다.
- 케이 팝 시장은 2000년대에 놀랄 만큼 성장했다.

꼬리에 꼬리를 무는 과학 어휘!

성장

성장 곡선

시간에 따라 생물이 자라는 것을 나타내는 곡선.

성장판

뼈와 뼈 사이에 있는, 성장을 일으키는 부분.

성장 호르몬

척추동물의 성장을 빨리하게 만드는 단백질 호르몬.

성장통

어린이와 청소년이 갑자기 클 때 무릎, 발목, 허벅지, 팔 등에 생기는 통증.

성장계

식물이 얼마나 자랐는지 재는 도구.

비슷한 말을 알아봐요.

발달(發達) 학문, 기술 등이 높은 수준에 이름. 신체, 정서, 지능이 좋아짐.

[과학] 의학이 발달하면서 사람의 수명이 늘어나고 있다.

[생활] 음악은 어린이의 두뇌 발달에 좋은 영향을 미친다.

발육(發育) 생명이 있는 것이 자람. 신체가 발달해 크게 자라남.

[과학] 새로 개발한 품종의 벼는 발육이 빠르다.

[생활] 청소년기에는 발육이 가장 빠른 시기이다.

BONUS 학습도구어 더하기 - 속담, 관용어, 사자성어

속 장마에 오이 굵듯[크듯]

좋은 기회나 환경을 만나 무럭무럭 성장함.

관 잔뼈가 굵어지다

한몫을 맡아서 할 만큼 어른스럽게 성장함.

사 일취월장(日就月將)

나날이 다달이 성장하고 발전함.

난이도 ★★☆☆☆

21 성질

섞이지 않는 물과 기름처럼 과학에서 '성질'은 다른 것과 구별되는 고유함을 말해요.

성질은 이럴 때 쓰는 말이에요.

"얘들아, 이건 물과 기름인데 오늘은 이 액체들의 성질에 대해 알아볼 거야. 구분하기 쉽게 물에는 파란색 물감을 탔단다. 자, 이제 두 액체를 섞으면 어떻게 될까?"

옥 선생님은 두 액체를 한 비커에 넣고 나무젓가락으로 몇 번 휘저었어요. 액체들은 처음에는 섞이는가 싶더니 움직임을 멈추자 아래에는 파란색 물이, 위에는 기름으로 나뉘어 층이 만들어졌어요.

"이렇게 기름은 물보다 밀도(빽빽하게 들어선 정도)가 낮아서 물 위에 뜨는 성질이 있어. 기름의 대부분은 물 위에 뜨는 성질이 있어서 두 액체는 절대 섞이지 않는단다."

"우리 반 철수와 민수처럼요?"

"하하하. 그러고 보니 너희 둘은 서로 섞이지 않는 성질을 가졌구나. 철수는 운동을 좋아하면서 성질이 급하고 민수는 독서를 좋아하면서 느긋한 성질을 가졌지. 반씩 섞였으면 좋겠는데 말이야."

이렇게 과학적 의미의 성질은 섞이지 않는 물과 기름처럼 '원래부터 지닌 바탕'을 말하고, 생활적 의미의 성질은 철수와 민수가 다른 것처럼 '태어날 때부터 가지고 있는 성격'을 말해요.

이런 뜻이에요.

성질의 성(性)과 질(質)은 두 글자 모두 '바탕', '모습'을 뜻해요. 그래서 과학적으로 성질은 '사물 고유의 모습', '일어난 일의 본바탕'을 뜻하게 됐답니다.

사람은 태어날 때부터 타고난 성격이 있어요. 성(性)의 '타고난 성격', '마음', '생명'이라는 뜻과 질(質)이 가지고 있는 '본질', '바탕'이라는 뜻을 합치면 '처음부터 가지고 있는 성격이나 마음씨'라는 생활적 의미의 성질이 된답니다.

과목별

다른 것과 구별되게 사물이나 현상이 원래 가진 특징.

예문

- 무게를 가진 물체는 높은 곳에서 낮은 곳으로 떨어지는 성질이 있다.
- 대부분의 액체는 고체보다 끈끈한 성질이 있다.

생활 속

사람의 타고난 성격.

예문

- 나는 성질이 급해서 기다리는 것을 잘 못한다.
- 형은 갑자기 화를 내는 성질이 있다.

꼬리에 꼬리를 무는 과학 어휘!

성질

기계적 성질

물체의 무게를 이용해 단단함이나 모양의 변화를 알 수 있는 성질.

화학적 성질

두 개 이상의 원소가 모여 만들어진 작은 물질 단위로, 화학 반응에 관련된 성질을 가진 것.

토양화학적 성질

흙에 섞인 화학 성분의 양과 비율.

역학적 성질

당기거나 구부리고 자르는 등 마찰이나 충격을 받아도 부서지지 않고 견디는 성질.

물리적 성질

물질의 움직임이나 열, 전기, 빛 같은 양을 나타내는 성질.

비슷한 말을 알아봐요.

근본(根本) 사물의 본바탕. 원래 가진 성격.

[과학] 암의 근본 원인을 알면 치료에 도움이 될 수 있다.

[생활] 내 친구는 근본이 착해서 거절을 잘 못한다.

성격(性格) 사물이나 현상이 원래부터 가지고 있는 것. 사람이 가진 성질.

[과학] 비누를 사용하면 물과 기름이 잘 섞이는 성격으로 바뀐다.

[생활] 지수는 성격이 깔끔해서 손을 자주 씻는다.

BONUS 학습도구어 더하기 - 속담, 관용어, 사자성어

속 게를 똑바로 기어가게 할 수는 없다

무엇이나 그 본래의 성질을 완전히 고치지는 못함.

관 맵고 차다

성질이 매우 차갑고 정이 없음.

사 일맥상통(一脈相通)

생각, 모양, 성질 등이 서로 통하거나 비슷해짐.

난이도 ★★★☆☆

22 수용

수용은 이럴 때 쓰는 말이에요.

"킁킁, 오오. 이건 내가 좋아하는 불고기 냄새인데?"

3교시 수업이 끝나자 진수가 말했어요. 옥 선생님 반은 급식실과 가까이 있었는데 진수는 날마다 급식 메뉴가 무엇인지 신기하게 잘 맞혔답니다. 그때 민지가 물었어요.

"냄새는 눈에 보이지도 않는데 어떻게 무슨 냄새인지 알아차리는 거야?"

"짜잔~! 그건 이 옥 선생님이 말해 주지. 사람은 콧속에 후각 수용체라는 것이 있어서 이것을 이용해 냄새를 맡을 수 있단다. 사람의 코에는 약 500만 개의 후각 수용체가 있지."

"선생님, 그러면 냄새를 잘 맡는 진수는 저희보다 더 많은 후각 수용체를 가진 게 아닐까요?"

"그럴 수도 있겠구나. 예를 들면 고양이는 인간보다 훨씬 많은 약 5,000만 개의 후각 수용체를 가지고 있어서 냄새에 아주 민감해. 이건 후각이 생존에 중요한 역할이기 때문이야."

"이제 나의 능력을 의심하지 말고 수용하렴, 얘들아. 그리고 난 떡볶이를 먹고 싶지만 불고기 메뉴도 수용해야지! 이 김진수는 슈퍼 코를 가졌으니 말이야. 히힛. 아! 배고파."

이렇게 과학적 의미의 수용은 '화학적인 신호를 통해 자극을 받아들이는 것'을 말하고, 생활적 의미의 수용은 '다른 사람의 생각, 의견 등을 받아들이는 것'을 말해요.

이런 뜻이에요.

수용의 수(受)는 '받아들이다', '얻다'를 뜻하고, 용(容)은 '모양', '넣다', '받아들이다'를 뜻해요. 특히 용(容)은 '항아리 모양으로 무엇이든 잘 받아들인다'라는 의미를 가졌지요. 그래서 과학에서 수용은 '생물학적, 화학적, 물리적으로 어떤 것을 받아들임'이라는 뜻으로 쓰인답니다. 즉 동물의 몸에 있는 수용체의 경우 화학적인 신호를 받아 뇌에 전달하고 자극에 반응하게 해요.

또한 수(受)의 '받다', '거둬들이다'라는 뜻과 용(容)의 '받아들이다', '담다'라는 뜻을 합치면 '남의 요청이나 제안, 의견 등을 받아들여 내 것으로 삼음'이라는 의미가 만들어지지요? 이것은 생활에서 사용하는 수용이랍니다. '예술, 문화 등을 받아들여 즐김'이라는 뜻도 함께 가지고 있어요.

과목별

생물이 자극을 받아 반응함.

예문

- 개는 후각 수용체가 특히 발달해서 많은 냄새를 맡을 수 있다.
- 눈이나 귀와 같은 감각 기관은 외부 자극을 수용하는 곳이다.

생활 속

다른 문화나 생각을 받아들여 자기 것으로 만듦.

예문

- 외래문화의 수용을 무조건 반대하는 것은 좁은 생각이다.
- 전통문화를 현대적으로 수용해 표현한 춤이 매우 인상적이다.

꼬리에 꼬리를 무는 과학 어휘!

수용

외부 수용기
눈, 귀처럼 밖의 자극을 받아들이는 감각 기관.

화학 수용기
맛과 냄새 같은 화학 자극을 느끼는 기관.

온도 수용
주변 온도가 감각 기관에 영향을 주는 과정.

시각 수용체
눈알에 있는 시각 세포.

자기 수용체
근육, 뼈, 관절, 힘줄 등이 몸의 위치와 움직임을 느끼는 기관.

비슷한 말을 알아봐요.

섭취(攝取) 동식물이 영양분을 몸 안에 받아들임. 좋은 것을 받아들임.

[과학] 건강을 위해서는 음식의 균형 있는 섭취가 중요하다.

[생활] 외국 문화의 적절한 섭취는 우리 문화의 세계화에 도움을 준다.

흡수(吸收) 외부의 물질을 안으로 끌어들여 자기 것으로 만듦.

[과학] 액체 상태의 약은 위장에 쉽게 흡수돼 약효가 빠르다.

[생활] 우리나라의 불교는 민족 신앙을 흡수하며 발전해 왔다.

BONUS 학습도구어 더하기 - 속담, 관용어, 사자성어

속 귀가 항아리만 하다

남이 말하는 것을 그대로 모두 수용함.

속 쓴 약이 더 좋다

듣기에 싫은 꾸지람도 잘 수용하면 본인에게 이로움.

관 귀가 얇다[엷다]

남의 말을 쉽게 수용함.

난이도 ★☆☆☆☆

23 실험

실험은 이럴 때 쓰는 말이에요.

"선생님, 우유와 액체 세제는 왜 들고 오셨어요? 설거지라도 하시려고요?"

"하하하. 재미있구나. 오늘은 이 재료들로 표면 장력(액체가 표면을 줄이려는 성질 때문에 생기는 힘)에 관해서 실험할 거야. 자, 여기 편평한 그릇에 우유를 붓고 물감을 여기저기 뿌려 보자. 그리고 이 액체 세제를 그 위에 통통 떨어뜨리는 거야."

표면 장력을 실험하기 위해 아이들은 여러 가지 예쁜 색깔의 물감을 우유 위에 뿌리고 세제도 떨어뜨렸어요.

"와! 이것 좀 보세요. 선생님, 너무 예뻐요. 물감이 흩어지면서 신비로운 무늬를 만들기 시작했어요. 이건 세상에 하나밖에 없는 실험적인 미술 작품인데요?"

아이들은 세제가 우유의 표면 장력을 약해지게 해서 색소가 흩어지며 생기는 무늬를 보고 감탄했어요.

"이야, 표현이 정말 멋진걸? 표면 장력이 만든 실험적인 그림이 완성됐네!"

이렇게 과학적 의미의 실험은 '관찰하고 측정해서 실제로 해 보는 것'을 말하고, 생활적 의미의 실험은 '새로운 방법을 시도해 보는 것'을 말해요.

이런 뜻이에요.

실험의 실(實)은 '열매', '가득 차다'를 뜻하고, 험(驗)은 '시험', '증거', '효능'을 뜻해요. 특히 열매를 뜻하는 실(實)은 '결과나 결과물'을 의미해요. 나무가 만들어 낸 결과가 열매인 것처럼요. 그래서 과학에서 실험은 '직접 시험하고 결과를 알아보는 것', '관찰하고 측정해 확인하는 것'을 말해요.

또한 실(實)의 '열매'라는 뜻과 '험(驗)'의 '시험하다'라는 뜻을 합치면 '시험 삼아 해 봄', '새로운 방법이나 형식을 사용해 봄'이라는 의미가 만들어지지요? 이는 생활에서 쓰이는 실험의 뜻이에요. '실험적 그림'처럼 목표를 뜻하는 '-적(的)'과 함께 쓰인답니다.

과목별

과학적인 이론을 증명하기 위해 관찰하고 측정함.

예문

- 과학실에는 여러 가지 실험 기구들이 있다.
- 곰팡이에 관한 실험은 위험하니 매우 조심해야 한다.

생활 속

새로운 형식을 사용함.

예문

- 이 연극은 실험적이라서 이해하기 어렵다.
- 피카소의 그림은 당시 너무 실험적이라 외면당했다.

꼬리에 꼬리를 무는 과학 어휘!

실험

동물 실험

동물을 조사하거나 의학 연구를 위해 동물에게 하는 실험.

실험동물

약의 효과를 시험하는 데 사용하는 동물.

실험실

실험할 때 필요한 기구와 장비를 갖춘 방.

임상 실험

환자에게 약을 주거나 치료해 효과를 확인하는 실험.

실험값

직접 실험해서 얻은 숫자나 결과.

비슷한 말을 알아봐요.

시도(試圖) **어떤 것을 이루려고 계획하고 행동함.**

[과학] 형의 연구는 여러 번의 시도 끝에 드디어 성공했다.

[생활] 무서운 영화를 보려고 시도했지만 결국 보지 못했다.

시험(試驗) **사물의 성질이나 기능을 실제로 해 보는 일. 검사하고 평가하는 일.**

[과학] 이 기계는 여러 차례 시험을 거쳐서 안전하다는 평가를 받았다.

[생활] 나는 내일 시험에 대비해 열심히 공부했다.

BONUS 학습도구어 더하기 - 속담, 관용어, 사자성어

속 바위에 달걀 부딪치기

불가능한 일인 것을 알면서도 시험(실험)해 봄. 도저히 이길 수 없음.

관 시험대에 오르다

실제로 시험(실험)하는 대상이 됨.

난이도 ★★☆☆☆

24 에너지

리모컨을 작동시키는 건전지처럼
과학에서 '에너지'는 물체를
움직이게 하는 힘을 말해요.

에너지는 이럴 때 쓰는 말이에요.

"어? 이게 왜 안 되지? 얘들아. 리모컨 작동이 안 되는구나. 건전지를 갈아 끼워야겠어."

옥 선생님이 작은 건전지를 가지고 왔어요.

"선생님, 건전지는 에너지 도시락 같아요. 전기 에너지를 작은 몸속에 잘 가지고 있다가 필요할 때 꺼내 쓸 수 있잖아요."

"지수의 비유가 참 적절하네. 건전지는 생활에서 손쉽게 사용하는 에너지 공급원이지. 크기에 따라 에너지 저장량이 다르니까 필요에 따라 선택할 수도 있어 더 편리하단다."

그때 민수가 운동장에서 축구를 끝내고 시끌시끌하게 들어왔어요.

"우리 민수는 어디서 그런 에너지가 나오는지 항상 활기차구나."

"선생님, 제 동생은 저보다 더 에너지가 넘쳐요. 그래서 집에서 함께 놀면 동생에게 에너지를 다 뺏긴다니까요."

이처럼 과학적 의미의 에너지는 '기계나 물체가 일을 할 수 있게 도와주는 힘'을 말하고, 생활적 의미의 에너지는 '사람이 활동하는 힘'을 말해요.

이런 뜻이에요.

에너지(Energy)는 그리스어로 '활동', '운동'을 뜻하는 Energia에서 나왔어요. '안'을 뜻하는 en, '일'을 뜻하는 ergon이 합쳐져서 만들어진 글자랍니다. 그래서 과학적으로 에너지는 '물체가 가지고 있는, 일을 할 수 있는 능력의 양'을 말해요. 에너지는 형태에 따라 운동, 위치, 열, 전기, 질량 에너지로 구분해요.

또한 생활적으로 에너지는 '인간의 활동, 일을 위해 필요한 능력, 자원, 체력, 힘'을 의미한답니다.

과목별

기계나 물체를 작동하게 하는 힘.

예 문

- 우리 학교는 매달 에너지 절약 캠페인을 벌이고 있다.
- 이 장난감은 빛 에너지를 이용해 움직인다.

생활 속

사람이 활동하는 데 필요한 체력이나 힘.

예 문

- 더운 날은 조금만 움직여도 에너지가 다 없어지는 느낌이다.
- 사람은 음식을 먹어서 생활에 필요한 에너지를 얻는다.

꼬리에 꼬리를 무는 과학 어휘!

에너지

대체 에너지
원자력이나 태양열처럼 기존 에너지를 대신하는 새로운 에너지.

운동 에너지
운동하는 물체가 가지고 있는 에너지.

청정에너지
전기처럼 환경을 오염시키지 않아 깨끗하게 쓸 수 있는 에너지.

재생 에너지
태양열, 수력, 풍력, 조력처럼 자연에서 계속 생겨나는 무한한 에너지.

에너지 자원
석유, 석탄, 천연가스, 태양열처럼 기계나 장치를 움직이게 하는 데 쓰이는 물질.

비슷한 말을 알아봐요.

동력(動力) 자연 에너지를 기계 에너지로 바꿈. 어떤 일을 발전시키고 밀고 나가는 힘.

[과학] 경운기는 동력이 약해 높은 언덕을 오르지는 못한다.

[생활] 힘든 훈련은 우리 팀이 우승할 수 있는 동력이 됐다.

힘 스스로 움직이거나 다른 물건을 움직이게 함. 어떤 일을 할 수 있는 능력.

[과학] 이 차는 힘이 좋아서 울퉁불퉁한 곳도 잘 달린다.

[생활] 어머니의 말씀이 나에게 큰 힘이 됐다.

BONUS 학습도구어 더하기 - 속담, 관용어, 사자성어

속 낙숫물이 댓돌을 뚫는다

작은 힘(에너지)이라도 꾸준히 하면 큰일을 이룰 수 있음.

속 젖 먹은 힘까지 다 낸다

어떤 일이 몹시 힘(에너지)이 듦.

관 기(를) 쓰다

있는 힘(에너지)을 다함.

난이도 ★★☆☆☆

25 위치

과학에서 '위치'는 먹이 피라미드처럼 계층에서 차지하는 자리를 말해요.

위치는 이럴 때 쓰는 말이에요.

"선생님은 더 뒤로 가 주세요. 시후는 조금 오른쪽으로 가고 수지는 앉아 봐."

단체 사진 찍는 날, 예쁜 사진을 위해 평소에 사진을 잘 찍는 진수가 발 벗고 나섰어요.

"휴, 사진 찍는 것도 힘드네. 먹이 피라미드처럼 위치가 정해져 있으면 좋겠구나."

생태계에서 먹히는 생물은 잡아먹는 생물보다 항상 수와 양이 많은데 이것을 삼각형으로 표시한 그림을 '먹이 피라미드'라고 해요.

"그래도 제가 선생님의 위치에 서서 친구들 자리를 정해 주니까 다행이다~ 싶으시죠? 히히. 그런데 선생님, 먹이 피라미드도 정해진 위치가 있어요?"

진수가 장난스럽게 웃으며 물었어요.

"그럼. 먹이 피라미드에서 각 생물의 위치는 아주 중요하단다. 각 위치에 속하는 생물의 양이 줄어들면 다른 위치의 생물에게도 영향을 미쳐서 생태계가 무너질 수도 있기 때문이야. 위치를 잘 잡고 있어야 생태계가 유지될 수 있어."

이렇게 과학적 의미의 위치는 '같은 특징을 묶은 계층의 정해진 자리'를 말하고, 생활적 의미의 위치는 '사람이나 물건이 차지한 자리'를 말해요.

이런 뜻이에요.

위치의 위(位)는 '자리', '위치', '자리 잡다'를 뜻하고, 치(置)는 '두다'를 뜻해요. 그래서 과학적으로 위치는 '같은 현상이나 같은 특징을 한 계층에 모아 둔 자리'를 말해요. 또는 '과학적 현상이나 역할, 사물, 동식물이 일정한 곳에 자리 잡은 것'을 말하기도 한답니다.

또한 위(位)의 '곳', '위치', '서다'라는 뜻과 치(置)의 '두다', '세우다'라는 뜻을 합치면 '서 있는 자리'라는 의미가 만들어지지요? 그래서 생활적으로 위치는 '사람이나 물건이 자리 잡은 곳, 일정한 장소에 차지한 자리'를 말하게 됐답니다.

과목별

같은 현상이나 특징을 한 계층에 모아 둠.
과학적 현상이 일어나거나 일어난 장소.

예문

- **위치** 에너지는 중력에 의해 생기는 에너지이다.
- 지구 자기장의 양극은 시간의 간격을 두고 **위치**를 서로 바꾸기도 한다.

생활 속

사람이나 물건이 차지한 자리.

예문

- 건물의 **위치**가 지도에 표시된 것과 다르다.
- 엄마는 식탁의 **위치**를 바꿨다.

꼬리에 꼬리를 무는 과학 어휘!

위치

위치 에너지

물체가 어떤 위치에 있을 때 원래 자리로 돌아오면서 일을 할 수 있는 에너지.

위치 감각

눈이나 귀를 쓰지 않고도 내 몸의 근육이나 관절이 어디에 있는지 알 수 있는 감각.

태양 위치도

태양의 위치를 알아내는 데 쓰는 도표.

위치 통보

비행기나 배의 위치를 알려 주는 무선 통신.

천문 위치

천체를 보고 정해진 지구 위의 점.

비슷한 말을 알아봐요.

곳 일정한 자리나 지역.

[과학] 방사선 요법은 암이 생긴 곳에 방사선을 사용하는 치료이다.

[생활] 우리 가족은 이곳저곳 여행하는 것을 좋아한다.

지점(地點) 어느 한 곳.

[과학] 현미경의 렌즈를 보고 싶은 지점에 맞췄다.

[생활] 조금만 더 올라가면 목표 지점에 도착한다.

BONUS 학습도구어 더하기 - 속담, 관용어, 사자성어

속 자루 속의 송곳

송곳은 자루에 있어도 밖으로 삐져나와 송곳의 위치를 알 수 있다는 뜻으로, 아무리 숨기려 해도 숨길 수 없고 정체가 드러남.

관 갈림길에 서다

선택을 해야 하는 위치에 놓임.

사 적재적소(適材適所)

알맞은 인재를 알맞은 위치에 놓음.

난이도 ★★☆☆☆

26 자극

건드리면 움츠러드는 미모사처럼
과학에서 '자극'은 어떤 것에 작용해
반응을 끌어내는 일을 말해요.

자극은 이럴 때 쓰는 말이에요.

"누가 이 식물의 잎을 살짝 건드려 보겠니?"

옥 선생님의 말에 원호가 화분의 식물 줄기를 건드리자 여러 작은 잎이 오므라들었어요.

"신기하지? 이 식물의 이름은 '미모사'야. 미모사는 자극을 받으면 잎사귀를 움직여 오므라들고 움츠러든단다. 멀쩡한 잎이 아닌 것처럼 보이게 해서 곤충이나 동물이 자기를 못 먹게 만드려는 속임수야."

그때 민수가 코를 킁킁거리며 말했어요.

"선생님, 살아남기 위해 식물이 저런 자극에 반응을 보이는 게 신비로워요. 저도 살아남기 위해서인지 급식실의 음식 냄새가 제 코를 자극해서 배가 고파지고 있어요!"

"항상 열심히 공부하는 희수에게 자극받으면 성적에서 살아남을 텐데 말이야."

"지민아, 내가 점심 먹는 모습에 자극받아서 너도 열심히 먹으면 나처럼 튼튼해질 거야."

지민이와 민수의 장난스러운 말에 모두 크게 웃었답니다.

이렇게 과학적 의미의 자극은 '어떤 반응을 통해 활동이 일어나는 것'을 말하고, 생활적 의미의 자극은 '마음에 반응을 일으키는 것'을 말해요.

이런 뜻이에요.

자극의 자(刺)는 '찌르다', '가시', '침'을 뜻하고, 극(戟)에도 마찬가지로 '창', '찌르다'를 뜻해요. 두 글자에 포함된 '찌르다'라는 것은 '어떠한 반응을 끌어내는 행동'을 말해요. 무언가를 찌르면 반응이 되돌아오니까요. 그래서 과학적으로 자극은 '어떤 현상이 일어나도록 부추기는 것', '생물체에 특정한 활동이나 반응이 일어나게 하는 것'을 말한답니다.

또한 과학적인 현상, 반응뿐만 아니라 '눈물, 기침, 재채기 등 우리 몸의 감각 반응'이나 '슬픔, 웃음, 배고픔 등 마음의 감정을 일으키는 것'도 생활적 의미의 자극을 뜻해요.

과목별

어떤 것에 작용해 반응을 일으키는 것.

예 문

- 두피에 직접 자극을 줘 머리를 자라게 하는 탈모 치료법이 개발됐다.
- 눈은 빛의 자극을 뇌로 전달하는 기능을 한다.

생활 속

마음에 반응을 일으키는 것.

예 문

- 동화책은 아이들의 상상력을 자극한다.
- 아빠의 편지에 자극받아 운동을 더 열심히 하고 있다.

꼬리에 꼬리를 무는 과학 어휘!

자극

자극량
자극의 세기와 지속 시간의 곱.

자극성
신경이나 감각이 반응하게 만드는 성질.

자극제
자극을 일으키는 약이나 물질.

자극물
우리 몸이나 마음이 반응하게 만드는 물질.

자극취
코가 느끼는 냄새로 우리를 반응하게 하는 자극.

비슷한 말을 알아봐요.

감각(感覺) 눈, 코, 귀, 피부 등을 통해 알아차림.

[과학] 사고로 감각이 느껴지지 않는 다리를 수술했다.

[생활] 형은 혀의 감각이 무뎌서 맵고 짠 음식도 잘 먹는다.

느낌 몸이나 마음으로 깨닫는 기운이나 감정.

[과학] 몇 시간째 머리가 아픈 느낌이어서 약을 먹었다.

[생활] 가로등이 갑자기 꺼져서 무서운 느낌이 들었다.

BONUS 학습도구어 더하기 - 속담, 관용어, 사자성어

속 지나가는 달팽이도 밟으면 꿈틀한다

순하고 좋은 사람이라도 지나치게 자극하면 가만있지 않음.

관 골머리를 앓다

어떻게 할지 모를 정도로 머리에 강한 자극이 옴. 그만큼 생각에 몰두함.

사 각골통한(刻骨痛恨)

원한이나 자극이 뼈에 새길 만큼 깊음.

난이도 ★☆☆☆☆

27 자연

나무와 꽃, 바람과 소나기처럼
과학에서 '자연'은
사람이 만들지 않은 환경을 말해요.

자연은 이럴 때 쓰는 말이에요.

오늘은 다 같이 자연으로 나가서 맑은 공기와 시원한 바람을 실컷 쐬고 오기로 했어요. 기분 좋은 햇살 아래 있으니 자연스럽게 콧노래도 흘러나왔답니다. 예서는 얼굴에 미소가 가득해요.

"선생님, 저는 자연이 너무 좋아요. 싱그러운 나무와 예쁜 꽃, 나비와 꿀벌도요."

모두가 자연을 느끼며 산책할 때였어요. 변덕스러운 날씨가 갑자기 소나기를 뿌렸어요.

"아이고, 여름 날씨는 종잡을 수 없구나. 물론 자연 현상이니 어쩔 수 없지만 말이야."

소나기를 바라보며 철수가 투덜댔어요.

"전 여름이 싫어요. 이렇게 비도 많이 오고 모기 같은 벌레들도 너무 많잖아요."

"하하하. 철수야, 여름이 지나고 찬 바람이 불면 자연히 없어질 거야. 오늘은 이 아름다운 자연을 즐기자꾸나."

이렇게 과학적 의미의 자연은 '저절로 생겨난 환경'을 말하고, 생활적 의미의 자연은 '일부러 하지 않아도 알아서'를 말해요.

이런 뜻이에요.

자연의 자(自)는 '스스로', '저절로'를 뜻하고, 연(然)은 '틀림없다', '분명하다'를 뜻해요. 그래서 '사람의 힘이 더해지지 않은 세상에 스스로 존재하고 이뤄진 모든 것'을 과학에서 자연이라고 해요. 이것은 '산, 강, 바다, 식물, 동물 그리고 그것들이 있는 주변 환경 모두'를 말한답니다.

또한 자(自)의 '저절로', '자연히'라는 뜻과 연(然)의 '그러하다'라는 뜻을 합치면 '저절로 하다'라는 의미가 만들어지지요? 그래서 생활적으로 자연은 '계획 없이 저절로 되는 것'을 말해요. 그리고 이것은 '자연스럽게', '자연히' 등으로 연결해서 쓸 수 있답니다.

과목별

사람이 만든 게 아닌, 저절로 생기거나 존재하는 모든 것과 상태.

예문

- 우리나라는 사계절 자연의 변화가 뚜렷하다.
- 아빠와 나는 자연을 벗 삼아 캠핑했다.

생활 속

생각지 못하게 저절로.

예문

- 옆집에 사는 친구와 자연히 친해졌다.
- 기분이 좋으면 자연스럽게 미소가 지어진다.

꼬리에 꼬리를 무는 과학 어휘!

자연

자연계

세상을 둘러싸고 있는 하늘, 산, 강, 바다, 동식물 등 모든 세계.

자연광

램프나 전구가 아닌 태양에서 나오는 빛.

자연 보호

자연이 파괴되지 않도록 지키고 더 좋은 환경으로 만드는 일.

자연 현상

인간의 의지와 관계없이 자연계에 나타나는 현상.

자연재해

피할 수 없는 자연 현상 때문에 생기는 재해.

비슷한 말을 알아봐요.

강호(江湖) 강과 호수를 아울러 이르는 말. '세상'을 비유적으로 이름.

[과학] 강호 자연에는 여러 종류의 생물체가 살고 있다.

[생활] 오늘 모임에는 강호의 실력자들이 모여 있다.

천연(天然) 사람의 힘이 들어가지 않은 상태. 아주 비슷하게.

[과학] 천연가스를 발굴하기 위한 연구소가 세워졌다.

[생활] 말투가 천연 제 아빠와 똑 닮았다.

BONUS 학습도구어 더하기 - 속담, 관용어, 사자성어

속 태산이 평지 된다

자연이나 사회의 변화가 몹시 심함.

사 천재지변(天災地變)

지진, 홍수, 태풍 등의 자연 현상으로 인한 사고를 이름.

사 청풍명월(淸風明月)

맑은 바람과 밝은 달처럼 자연의 아름답고 평화로운 모습을 이름.

난이도 ★★☆☆☆

28 작용

물이 대파를 잘 자라게 한 것처럼 과학에서 '작용'은 두 가지가 만나 새로운 현상을 일으키는 일을 말해요.

작용은 이럴 때 쓰는 말이에요.

"자, 지난주에 심은 대파가 어떻게 자라고 있는지 함께 살펴볼까?"

옥 선생님은 식물이 성장할 때 물이 식물에 어떤 작용을 하는지 알아보기 위해 창가에 놓인 대파 화분을 아이들 앞에 들고나왔어요.

"와! 놀라워! 정말 잘 자랐구나!" 혹은 "아이고, 어떡해. 비실비실 줄기가 쓰러질 것 같아." 등등 아이들의 반응은 둘로 나뉘었답니다.

"선생님, 물을 충분히 준 대파는 물이 대파가 자라는 데 좋은 작용을 해서 튼튼하고 싱싱하게 자랐어요."

"물을 주지 않은 대파는 시들고 누런 잎이 생겼어요. 불쌍해서 실험을 그만하고 싶어요."

몇몇 친구들은 물을 주지 않은 대파를 보며 안타까워했어요.

"얘들아, 불쌍하다는 마음이 지나치게 작용하면 정확한 실험 결과를 얻을 수 없어. 우리 모두 그 점을 주의하도록 하자."

이렇게 과학적 의미의 작용은 '무언가와 무언가가 만나 새로운 현상을 일으키는 것'을 말하고, 생활적 의미의 작용은 불쌍한 마음이 생겨나듯 '마음이 움직이는 것'을 말해요.

이런 뜻이에요.

작용의 작(作)은 '만들다', '일하다'를 뜻하고, 용(用)은 '쓰다', '하다'를 뜻해요. 두 글자를 합치면 '무엇인가를 만들어서 하다'라는 의미가 만들어져요. 그래서 과학에서 작용은 '현상을 만들어 내는 것', '일을 하게 하는 힘', '사물이 변하는 데 영향을 미치는 것'을 말한답니다.

또한 작(作)의 '일어나다', '일으키다'라는 뜻과 용(用)의 '하다'라는 뜻을 합치면 '물건이나 과학 현상뿐 아니라 마음속 감정이 말이나 행동으로 나타나는 것'이라는 의미가 만들어지지요? 이것이 바로 생활적 의미의 작용이랍니다.

과목별

어떠한 현상을 일으키거나 영향을 미침.

예문

- 눈이 쌓인 길에 뿌리는 염화 칼슘은 눈을 녹이는 작용을 한다.
- 식물은 광합성 작용으로 영양분을 만든다.

생활 속

어떤 마음이 생겨나게 함.

예문

- 열심히 공부하기로 결심한 데는 아빠의 격려가 큰 작용을 했다.
- 달콤한 간식은 마음을 진정시키는 작용을 하기도 한다.

꼬리에 꼬리를 무는 과학 어휘!

작용

풍화 작용

땅속 암석이 햇빛, 공기, 물, 생물 등에 의해 조금씩 부서지고 부스러지는 과정.

침식 작용

비, 바람, 빙하, 강물 등 자연의 힘으로 땅이 깎이고 옮겨지는 과정.

퇴적 작용

암석 조각이나 생물의 남은 부분이 물, 바람, 빙하 등에 의해 옮겨져 한곳에 쌓이는 과정.

작용점

물체에 일정한 힘이 미치는 부분.

상호 작용

생물체 안에서 여러 기능들이 서로 영향을 주고받는 일정한 과정과 방식.

비슷한 말을 알아봐요.

기능(機能) 하는 구실이나 작용을 함.

[과학] 우리 뇌는 사용할수록 기능이 좋아진다.

[생활] 말은 내 감정을 나타내는 기능이 있다.

영향(影響) 어떤 사물의 효과나 작용이 다른 것에 미침.

[과학] 밀물과 썰물의 현상은 달의 영향으로 일어난다.

[생활] 인터넷은 청소년들의 생각에 많은 영향을 준다.

BONUS 학습도구어 더하기 - 속담, 관용어, 사자성어

속 가는 말이 고와야 오는 말이 곱다

좋은 말이 좋은 반응을 이끌어 내는 작용을 뜻함.

속 칼도 날이 서야 쓴다

무엇이든 제 작용을 잘할 수 있게 조건이 갖춰져야 가치가 있음.

관 촉수를 뻗치다

어떤 대상에게 일정한 목적을 가지고 서서히 작용함.

난이도 ★★☆☆☆

29 적응

물에서 살기 위해 잎자루에 공기구멍을 가진 부레옥잠처럼 과학에서 '적응'은 환경에 맞춰 형태를 변화시켜 가는 것을 말해요.

적응은 이럴 때 쓰는 말이에요.

옥 선생님은 연못 위에 동동 떠서 통통한 잎자루를 가진 부레옥잠을 가리켰어요.

"식물은 오랜 기간에 걸쳐 주변 환경에 알맞게 변화되며 적응한단다. 학교 연못에서 자라는 부레옥잠은 어떤 적응을 했을 것 같니?"

"물에 동동 떠다니며 자라야 해서 잎자루가 이렇게 공 모양이 된 것 같아요."

"맞아. 물에 뜨기 위해 잎자루 안에 공기를 꽉 채운 거야. 잘라서 안쪽을 살펴볼까?"

"선생님, 작은 구멍이 잔뜩 있어요. 그래서 물에도 잘 뜨나 봐요!"

"이 구멍으로 물에 녹아 있는 공기와 영양분을 빨아들이지. 물속은 뿌리를 내려 영양분을 얻기 힘들거든. 이건 물 위에 떠서 사는 식물이 스스로 변화해 적응한 거야."

그때 옥 선생님은 누구보다 열심히 수업을 듣고 있는 도진이를 봤어요.

"도진아, 과학 수업은 재미있니? 네가 막 전학 왔을 때는 적응하기 힘들어했던 기억이 나. 요즘에는 잘 적응해서 즐겁게 지내니 선생님이 참 뿌듯하구나."

이렇게 과학적 의미의 적응은 '환경에 맞춰 형태와 구조를 바꾸는 것'을 말하고, 생활적 의미의 적응은 '주변과 자연스럽게 잘 어울리는 것'을 말해요.

이런 뜻이에요.

적응의 적(適)은 '알맞다', '찾아가다'를 뜻하고, 응(應)은 '응하다', '맞추다'를 뜻해요. 두 글자를 합치면 '알맞은 것을 찾아가고 맞춰 나감'이라는 의미가 만들어져요. 그래서 과학적으로 적응은 '생물체가 환경에 따라 모습을 변화시키는 것'을 말해요. 그리고 이것은 짧은 시간에 모양만을 변화시킨다는 의미보다 오랜 시간 동안 변화하는 과정 자체를 뜻한답니다.

또한 적(適)의 '알맞다', '마땅하다'라는 뜻과 응(應)의 '응하다', '대답하다', '맞장구치다'라는 뜻을 합치면 생활에서 자주 사용하는 적응이 돼요. 두 글자를 단순히 더해 보면 '알맞게 응하고 맞장구치다'는 의미가 만들어지지요? 이것은 '새로운 환경과 생활에 잘 어울리도록 마음을 바꾸고 노력하는 것'을 뜻한답니다.

과목별

동식물이 사는 곳에 맞게 오랜 시간을 들여 모양이나 특징을 바꿈.

예문

- 심해어는 바다 깊은 곳의 압력에 적응하기 위해 가벼운 뼈 구조를 가졌다.
- 선인장은 환경에 적응하기 위해 잎이 아닌 수분이 덜 날아가는 가시를 가졌다.

생활 속

새로운 것이나 낯선 것을 인정하고 조화를 이룸.

예문

- 갑자기 머리카락을 자른 엄마의 모습에 적응이 잘 안된다.
- 강아지가 아직 우리 집에 적응을 못 해서 계속 짖고 있다.

꼬리에 꼬리를 무는 과학 어휘!

적응

광적응

밝은 곳에서 어두운 곳으로 또는 어두운 곳에서 밝은 곳으로 나올 때 눈이 빛에 적응하는 일.

부적응

정해진 조건이나 환경에 맞추지 못함.

적응 자극

눈으로 보는 빛이나 귀로 듣는 소리처럼 감각 기관이 자연에서 느끼는 자극.

기후 적응

사람이나 생물이 날씨에 적응하는 일.

적응력(=적응성)

정해진 조건이나 환경 등에 맞춰 알맞게 되는 능력.

비슷한 말을 알아봐요.

순응(順應) **동식물이 외부 환경에 맞춰 몸의 기능과 상태를 잘 바꿈.**

[과학] 깜깜한 곳에서 밝은 곳으로 나오면 눈이 빛에 순응하는 시간이 필요하다.

[생활] 우리 조상들은 사계절의 변화에 순응해서 다양한 전통 음식을 만들었다.

융화(融和) **서로 사이좋게 어울림.**

[과학] 구리와 주석을 융화시키면 청동이 만들어진다.

[생활] 누나는 어디를 가나 주변 사람들과 잘 융화해 지낸다.

BONUS 학습도구어 더하기 - 속담, 관용어, 사자성어

속 삼밭에 쑥대

쑥이 삼밭에 섞여 자라면 삼대처럼 곧아진다는 뜻으로, 좋은 환경에 적응해서 자라면 좋은 영향을 받게 됨.

속 절에 가면 중이 되라

환경에 잘 적응해야 함.

사 적자생존(適者生存)

환경에 적응하는 생물만이 살아남음. 그러지 못하는 것은 점점 줄어들어 없어짐.

난이도 ★★☆☆☆

30 전달

공기를 통해 소리가 우리 귀에 들리는 것처럼 과학에서 '전달'은 자극, 신호 등이 다른 기관으로 퍼져 나가는 일을 말해요.

전달은 이럴 때 쓰는 말이에요.

옥 선생님은 네모난 상자 안에 핸드폰을 넣고 아이들을 바라보며 씩 웃었어요.

"오늘은 정말 신기한 실험을 할 거야. 소리의 비밀이 펼쳐지는 순간이 될 테니 잘 지켜보렴."

옥 선생님은 상자 안에 음악 소리가 흘러나오는 핸드폰을 넣고 뚜껑을 닫았어요. 그리고 위에 뚫린 구멍으로 공기를 빼내는 기계를 연결한 후 상자 안의 공기를 빼냈답니다.

"와! 선생님. 음악 소리가 점점 작게 들려요! 너무 신기해요! 왜 이런 거예요?"

"소리는 물질을 통해서 전달되지만 대부분은 공기를 통해 전달된단다. 물체의 떨림이 주위의 공기에 전달되고 공기의 떨림이 우리 귀에까지 이르게 되면서 소리가 전달되지. 그래서 상자 안에 소리 전달 물질인 공기가 적어질수록 소리도 작게 들리는 거야. 신기하지? 자, 이제 실험에 대한 감상을 써 보자. 앞사람이 이 종이를 뒷사람에게 전달해 주겠니?"

잠시 후, 맨 뒷자리 우철이가 큰 소리로 말했어요.

"선생님, 저도 전달받았어요. 이제 쓸게요."

이렇게 과학적 의미의 전달은 '외부 신호가 몸의 기관에 전해져 이르는 것'을 말하고, 생활적 의미의 전달은 '물건 등을 사람에게 전해서 받게 하는 것'을 말해요.

이런 뜻이에요.

전달의 전(傳)은 '전하다', '널리 퍼뜨리다', '퍼지다'를 뜻하고, 달(達)은 '통하다', '어떤 장소나 시간에 이르다'를 뜻해요. 두 글자를 합치면 '전해서 어떤 곳에 이르다'라는 의미가 만들어지지요? 그래서 과학에서 전달은 '자극, 신호 등이 우리 몸의 기관으로 전해지는 것'을 말한답니다. 이것은 신경, 근육을 통해 이뤄져요.

또한 전(傳)의 '전하다', '옮기다', '알리다'라는 뜻과 달(達)의 '어떤 장소', '사람에게 이르다'라는 뜻을 합치면 생활에서 사용하는 전달이 돼요. '물건 등을 다른 사람에게 전해 받게 하다', '눈에 보이는 물건뿐 아니라 지시, 명령, 지식, 소식, 말, 의견 등을 다른 사람이나 기관, 단체에 전하는 것'을 말한답니다.

과목별

자극, 신호, 동력 등의 자극이 몸의 각 부분에 전해짐.

예문

- 빛은 소리와 달리 공기가 없어도 전달될 수 있다.
- 설탕이 혀의 미각 세포에 신호를 전달하면서 단맛을 느끼게 된다.

생활 속

물건, 소식, 지식, 명령 등을 다른 사람이나 단체에 전함.

예문

- 인터넷이 없었던 때는 편지와 전화로 소식을 전달했다.
- 선생님께서 공지 사항을 전달해 주셨다.

꼬리에 꼬리를 무는 과학 어휘!

전달

마찰 전달

물체끼리 마찰력을 이용해 힘을 전달하는 방법.

열전달

열에너지가 옮겨 가는 현상. 열전도, 대류, 열복사 등이 있어요.

신경 전달 물질

신경 세포에서 나와 다른 신경 세포나 근육에 신호를 전달하는 물질.

화학 전달 물질

감각 정보를 전달하는 물질.

전자 전달

몸 안에서 전자가 움직이면서 일어나는 화학 반응.

비슷한 말을 알아봐요.

운반(運搬) 물건 등을 옮겨 나름. 강물이나 바람이 흙, 모래, 자갈 등을 옮겨 나름.

[과학] 강물이 흐르면서 운반된 모래와 자갈이 한곳에 쌓이면 지형이 변하기도 한다.

[생활] 작은 물건들을 상자에 담아 운반했다.

전송(傳送) 전해서 보냄.

[과학] 세포에 있는 아데노신은 몸의 각 부분으로 에너지를 전송한다.

[생활] 인터넷으로 메일을 전송했다.

BONUS 학습도구어 더하기 - 속담, 관용어, 사자성어

속 옛말 그른 데 없다

예로부터 전달돼 오는 말은 잘못된 것이 없으니 명심해야 함.

관 뜻(을) 받다

전달받은 뜻이나 목적을 그대로 이어 나감.

사 화룡점정(畫龍點睛)

용을 그릴 때 마지막으로 눈동자를 찍어 완성한다는 뜻으로, 핵심을 전달하는 중요한 순간을 뜻함.

4장

ㅊ~ㅎ으로 시작하는 학습도구어

측정 | 통과 | 표면 | 합성

혼합 | 확산 | 환경 | 활동

효과 | 흡수

난이도 ★★☆☆☆

31 측정

우주를 재는 단위를 광년으로 나타내듯이 과학에서 '측정'은 길이를 재어서 수치로 나타내는 것을 말해요.

측정은 이럴 때 쓰는 말이에요.

"선생님, 우주는 얼마나 클까요? 그리고 우리 눈에 보이는 별은 얼마나 멀리 있을까요?"

"우주는 믿을 수 없을 정도로 넓어. 지금 우리의 과학 기술로도 우주 전체의 크기를 측정하는 건 불가능하단다. 아, 빛이 1년 동안 이동한 거리인 '광년'을 사용해 별 사이의 거리나 별의 위치를 측정할 수는 있어. 그렇다면 얘들아, 우주에서 거리의 측정 단위인 광년은 왜 하필 빛을 기준으로 했을까?"

아이들은 "밝아서", "소리가 없어서", "먼 곳까지 비춰서" 등등 여러 가지 대답을 내놓았어요.

"그건 말이야, 빛의 속도가 항상 일정하기 때문이란다. 빛은 엄청나게 빠른 속도로 움직이지만 속도가 일정하지. 그래서 우주에서 거리를 측정하기에 적합하단다."

우주를 좋아하는 선우의 눈은 옥 선생님의 설명을 들으며 어느 때보다 반짝였어요.

"선생님, 전 우주에 대해 하나씩 알아 갈 때마다 궁금한 것이 우주만큼 생기는 것 같아요. 제 호기심과 상상력은 측정하기 힘들 정도라니까요."

이렇게 과학적 의미의 측정은 '길이, 넓이, 무게 등을 수치로 재는 것'을 말하고, 생활적 의미의 측정은 '사람의 능력, 생각, 의견 등 수치로 나타낼 수 없는 것을 헤아리는 일'을 말해요.

이런 뜻이에요.

측정의 측(測)은 '재다', '알다'를 뜻하고, 정(定)은 '정하다', '약속하다'를 뜻해요. 두 글자를 합치면 '재고 정하다'라는 의미가 만들어져요. 그래서 과학적으로 측정은 '일정한 기준을 가지고 양의 크기, 길이, 무게 등을 재어 수치로 나타내는 것'을 말한답니다.

또한 측(測)의 '헤아리다', '알다'라는 뜻과 정(定)의 '정하다', '바로잡다'라는 뜻을 합치면 '헤아려서 정하다'라는 의미가 만들어지지요? 이것은 생활적 의미의 측정이에요. 이때는 '수치로 나타낼 수 없는 것을 사람이 평가함' 혹은 '능력이나 수준을 헤아림'이라는 뜻으로 사용된답니다.

과목별

키, 시력, 무게, 넓이, 체온 등 수치로 나타낼 수 있는 것을 잼.

예문

- 열이 나는 것 같아서 보건실에서 체온을 측정했다.
- 안과에 가서 시력을 측정한 후 안경을 샀다.

생활 속

능력, 수준 등을 사람의 평가로 잼.

예문

- 상대 팀에 대한 정보가 없어서 누가 이길지 측정하기 힘들다.
- 이 문제는 창의성을 측정하는 문제이다.

꼬리에 꼬리를 무는 과학 어휘!

측정

생물 측정기

효소나 항체가 어떤 물질과만 반응하는 성질을 이용해 그 물질이 어떤지 알아보는 기계.

지질 온도 측정

지구 안팎에서 어떤 일이 생길 때의 온도를 재는 것.

연대 측정법

방사성 원소가 시간이 지나면 줄어드는 성질을 이용해 암석이나 지층이 언제 만들어졌는지 알아보는 방법. 이걸로 지구의 나이도 알 수 있어요.

측정 현미경

기계를 만들 때 선의 길이와 각도를 빛으로 아주 정확하게 재는 도구.

측정기

측정하는 데 쓰는 기계나 기구.

비슷한 말을 알아봐요.

계량(計量) 수량을 헤아림. 부피나 무게를 재서 알아냄.

[과학] 정확한 양을 계량하기 위해서는 비커나 스포이트 등의 도구를 이용한다.

[생활] 태풍으로 인한 피해는 계량할 수 없을 정도였다.

측량(測量) 물건의 높이, 깊이, 넓이, 방향 등을 잼. 생각해서 헤아림.

[과학] 옛날에는 거리의 측량을 걸음 수로 했다.

[생활] 부모님의 높고 큰 사랑은 감히 측량할 수 없다.

BONUS 학습도구어 더하기 - 속담, 관용어, 사자성어

속 쇠털 같은 날

측정할 수 없이 많은 날들.

관 가늠이 가다

정확한 측정 없이 짐작으로 세어 봄.

관 대중(을) 잡다

측정하지 않고 대강 세어 봄.

난이도 ★★☆☆☆

32 통과

정수기로 깨끗한 물을 만든 것처럼 과학적으로 '통과'는 과학적인 방법을 통해 물체를 거쳐 가는 일을 말해요.

통과는 이럴 때 쓰는 말이에요.

"와! 기다리고 기다리던 간이 정수기 만드는 시간이다! 우리가 정수기를 만들다니! 신기해."

"짜잔! 더러운 물이 정수기를 통과하면 어떤 일이 벌어질지 기대하시라! 먼저 페트병을 잘라 정수기 통을 만들고 더러운 물을 거를 수 있는 재료를 채울 거야. 보통 정수기에서 필터라고 부른단다. 굵은 자갈, 고운 자갈, 모래, 숯을 사용해 보자. 그리고 이 필터 사이를 오염된 물이 통과할 거야."

정수기를 통과한 물은 지저분한 것들이 걸러지고 제법 깨끗한 물이 됐어요.

"산을 통과해 내려오는 지하수도 간이 정수기의 원리로 깨끗해지는 거란다. 아! 참, 얘들아. 이 실험이 끝나면 정수기의 원리에 대해 잘 이해했는지 간단하게 시험을 칠 거야. 이 시험을 통과하면 오늘 만든 간이 정수기를 선물로 줄게."

옥 선생님의 말에 아이들은 모두 눈이 초롱초롱해졌답니다.

이렇게 과학적 의미의 통과는 '과학적인 방법으로 어떤 물체를 한 차례 거쳐 지나가는 것'을 말하고, 생활적 의미의 통과는 '어떤 장소를 단순히 지나가거나 시험이나 검사에서 인정되고 합격하는 것'을 말해요.

이런 뜻이에요.

통과의 통(通)은 '통하다', '오고 가다'를 뜻하고, 과(過)는 '지나다', '지나가다', '건너다'를 뜻해요. 두 글자를 합치면 '통하고 지나가다'라는 의미가 만들어져요. 그래서 과학적으로 통과는 '실험이나 물질을 이용하는 등의 과학적인 방법을 사용해 어떤 물체를 거쳐서 지나가는 것'을 말한답니다.

또한 통(通)의 '통하다', '알다'라는 뜻과 과(過)의 '도달하다', '이르다'라는 뜻을 합치면 '통해서 도달하고 이르게 되다'라는 의미가 만들어지지요? 그래서 생활에서 사용하는 통과는 '시험 등에서 해당하는 기준이나 조건에 맞아 인정되고 합격하는 것', '어떤 장소나 시간을 거쳐 지나가는 것', '어려움을 뚫고 지나가는 것'이라는 뜻을 가지게 됐어요.

과목별

과학적 방법을 사용해 어떤 물체를 거쳐 감.

예문

- 광선 굴절·분산 광학 부품인 프리즘을 통과한 빛은 일곱 색깔로 보였다.
- 화학적으로 처리된 방수 천은 물이 통과하지 못해 물이 새지 않는다.

생활 속

어떤 장소를 지나감. 검사, 시험 등에서 인정되거나 합격함.

예문

- 어둡고 긴 터널을 통과하자 아름다운 광경이 눈앞에 펼쳐졌다.
- 영어 시험에서 통과하지 못해 한 시간 더 공부해야 한다.

꼬리에 꼬리를 무는 과학 어휘!

통과

자오선 통과

천체가 하루에 한 바퀴 도는 움직임 때문에 자오선(하늘에서 별이나 해가 꼭 지나가는 북쪽과 남쪽을 잇는 큰 선)을 지나는 순간이나 그 시간.

통과 신호기

열차가 역에 멈추지 않고 그냥 지나가도 된다고 알려 주는 신호기.

통과 세포

물을 빨아들이거나 용액(물에 다른 물질이 잘 녹아 섞인 액체)이 지나가게 하는 아주 얇은 세포벽을 가진 세포.

통과율

시험이나 검사에서 정해진 기준에 맞아 인정받거나 합격하는 사람들의 비율.

태양면 통과

지구에서 볼 때 수성이나 금성이 태양 앞을 지나가면서 작은 검은 점처럼 보이는 현상.

비슷한 말을 알아봐요.

관통(貫通) 꿰뚫어서 통함. 처음부터 끝까지 한결같음.

[과학] 장난감의 뾰족한 부분이 발가락을 **관통**하는 바람에 수술을 받았다.

[생활] 이 소설을 **관통**하는 주제는 사랑이다.

돌파(突破) 쳐서 깨뜨리며 뚫고 지나감. 정해진 기준이나 기록을 넘어섬.

[과학] 우리나라의 예방 접종률은 80퍼센트를 **돌파**한다.

[생활] 동생은 체육 대회에서 높이뛰기 학교 신기록을 **돌파**했다.

BONUS 학습도구어 더하기 - 속담, 관용어, 사자성어

속 논두렁에 구멍 뚫기

논두렁에 구멍을 뚫어 물이 다 **통과**해 버리도록 하는 못된 짓이라는 뜻으로, 매우 심술이 사나운 짓을 함.

관 귓등으로 넘어가다

소리가 귀를 **통과**해 들어와 분명히 들리게 됨.

사 무사통과(無事通過)

아무런 제지 없이 그냥 **통과**함.

난이도 ★★☆☆☆

33 표면

물방울이 생긴 컵의 바깥쪽처럼
과학에서 '표면'은 물체의
가장 바깥 부분을 말해요.

표면은 이럴 때 쓰는 말이에요.

"선생님, 컵 표면에 물방울이 떨어져서 책이 동그랗게 젖었어요!"

놀란 옥 선생님은 젖은 책과 컵 표면의 물기를 닦았어요.

"선생님, 그런데 차가운 물체의 표면에는 왜 물기가 생기는 걸까요? 방금 제가 살짝 찍어 먹어 봤는데 음료수가 새어 나온 게 아니라 물이었어요!"

"하하하. 그걸 또 언제 먹어 본 거니? 우리 눈에 보이지는 않지만 공기 중에는 많은 양의 수증기가 있어. 컵의 차가운 온도가 주변의 공기를 식히면 공기 중의 수증기가 에너지를 잃고 컵 표면에 물방울로 모이게 되지. 이른 아침에 풀잎의 표면에 이슬이 맺히는 것과 욕실에서 뜨거운 물로 씻고 나오면 차가운 거울 표면에 물방울이 맺히는 것도 같은 원리야."

"선생님, 설명 끝난 거죠? 그럼 이 주스는 제가 마셔서 치울게요. 얼른 정리해야죠."

진수의 말에 지혜가 그럴 줄 알았다는 듯 말했어요.

"김진수! 네 속셈은 표면에 다 드러났어. 흐흐흐. 뒷정리보다 주스를 마시고 싶었던 거지?"

이렇게 과학적 의미의 표면은 '사물의 바깥쪽'을 말하고, 생활적 의미의 표면은 '일어난 일이 뚜렷하게 드러나는 것'을 말해요.

이런 뜻이에요.

표면의 표(表)는 '겉', '겉면', '바깥'을 뜻하고, 면(面)은 '겉', '모양', '모습'을 뜻해요. 두 글자를 합치면 '겉면의 모습'이라는 의미가 만들어져요. 그래서 과학적으로 표면은 '사물, 생물, 물질 등의 가장 바깥쪽, 가장 겉면, 가장 위쪽 부분'을 말한답니다.

또한 표(表)의 '나타내다', '드러내다'라는 뜻과 면(面)의 '얼굴', '표정', '모양'이라는 뜻을 합치면 '겉으로 나타나거나 드러나는 부분'이라는 의미가 만들어지지요? 이것은 생활에서 쓰이는 표면이에요. 이때는 '겉으로 나타난 눈에 띄는 부분', '의심할 바 없이 아주 뚜렷하게 드러나는 사건이나 현상'을 말한답니다.

과목별

물질, 사물, 생물의 겉 부분.

예문

- 지구의 표면은 대륙과 해양, 즉 땅과 바다 두 부분으로 나뉜다.
- 도마뱀의 발가락에는 거친 표면에도 붙을 수 있는 수천 개의 털이 있다.

생활 속

겉으로 모두 드러나서 눈에 띄는 부분.

예문

- 내 짝은 표면에 드러나는 칭찬받을 일만 하고 싶어 한다.
- 표면으로는 아무렇지 않은 척했지만 사실은 아주 속상했다.

꼬리에 꼬리를 무는 과학 어휘!

표면

지표면

지구의 표면. 또는 땅의 겉면.

표면 활성

물체 표면의 힘을 줄여서 더 잘 퍼지게 하는 물질. 알코올이나 비누가 있어요.

표면층

겉으로 나타나거나 눈에 띄는 층.

표면 장력

액체 표면이 스스로 줄어들면서 가장 작고 단단한 모양을 만들려고 하는 힘.

표면 반응

서로 다른 두 물질이 만나는 곳에서 일어나는 화학 변화.

비슷한 말을 알아봐요.

겉 물체의 바깥 부분. 밖으로 드러난 모습이나 현상.

[과학] 이 약품은 겉에 녹이 슨 부분을 제거해 준다.

[생활] 그는 겉만 봐서는 아주 친절한 사람 같아 보였다.

외면(外面) 겉에 있거나 보이는 면. 말이나 하는 행동이 겉에 드러나는 모양.

[과학] 알코올램프의 외면에 묻은 알코올을 잘 닦아야 사고를 예방할 수 있다.

[생활] 나는 사람은 외면보다 내면이 중요하다고 생각한다.

BONUS 학습도구어 더하기 - 속담, 관용어, 사자성어

속 수박 겉 핥기

수박의 딱딱한 표면만 핥고 있다는 뜻으로, 속 내용은 모르고 표면만 건드림.

관 밑천이 드러나다

평소에 숨겨져 있던 바탕이나 성격이 표면에 나타남.

관 겉으로 빙빙 돌다

핵심을 파헤치지 않고 표면에 나타난 현상에만 매달림.

난이도 ★★☆☆☆

34 합성

식물이 빛, 물, 이산화 탄소로 에너지를 만드는 것처럼 과학에서 '합성'은 둘 이상의 물질에서 영양분을 만드는 일을 말해요.

합성은 이럴 때 쓰는 말이에요.

"오늘은 햇빛에서 자란 나팔꽃 화분과 그늘에서 자란 나팔꽃 화분을 관찰하는 시간이지?"

"네! 그늘의 나팔꽃은 키는 삐쭉 커도 줄기가 가늘고 잎도 듬성듬성, 연한 초록빛이었어요."

"수지가 잘 관찰했구나. 식물은 광합성을 해야 영양분이 생기기 때문에 빛을 받아야 해. 그늘에서 자란 식물은 빛을 조금이라도 더 받기 위해 빠른 시간에 키만 클 수밖에 없지. 또 광합성이 부족하다 보니 영양이 모자라서 줄기도 가늘고 잎도 적을 수밖에 없단다. 식물의 잎에는 엽록소라는 녹색 색소가 있는데 이게 바로 광합성에 필수적인 빛을 받아들이는 안테나 역할이야. 그늘에서는 그 안테나가 제 기능을 잘 못한 거겠지?"

"선생님! 설명이 정말 귀에 쏙쏙 들어와요. 쏙쏙 선생님이라고 부르고 싶다니까요."

"하하하. 단어들을 합성해서 멋진 별명을 지어 주다니 감동이구나. 우리 이 햇볕 아래에서 예쁘게 자란 나팔꽃과 우리 반 아이들의 얼굴을 합성해서 교실 뒤편에 걸어 두는 건 어떨까?"

이렇게 과학적 의미의 합성은 '생물이 여러 가지 에너지 자원을 이용해 영양분 등과 같은 화합물을 만드는 것'을 말하고, 생활적 의미의 합성은 '두 개 이상의 것을 합쳐 하나의 결과물을 만들거나 둘 이상의 단어를 결합해서 하나의 단어를 만드는 것'을 말해요.

이런 뜻이에요.

합성의 합(合)은 '합하다', '모으다'를 뜻하고, 성(成)은 '이루다', '갖춰지다'를 뜻해요. 두 글자를 합치면 '여러 가지를 모아서 하나를 이루다'라는 의미가 만들어져요. 그래서 과학적 의미의 합성은 '생물이 빛, 물, 흙, 공기 등을 이용해 얻은 에너지로 새로운 에너지 원천을 만드는 것'을 말해요. 또한 '둘 이상의 원소를 화합해서 새로운 화합물을 만드는 것'도 과학적 의미의 합성이랍니다.

또한 합(合)의 '맞다', '적합하다'라는 뜻과 성(成)의 '이뤄지다', '완성되다'라는 뜻을 합치면 생활적 의미의 합성이 돼요. 사진을 합성하거나 음악끼리 합성하는 등 '둘 이상의 것을 합쳐서 하나를 이루는 것'을 말한답니다. 언어적으로는 '둘 이상의 의미가 있는 단어인 실질 형태소(뜻이 있는 가장 작은 말 조각)를 합쳐 하나의 단어를 만드는 것'도 합성이라고 해요.

과목별

둘 이상의 원소를 합쳐 새로운 화합물을 만듦.

예문

- 나일론 같은 합성 섬유는 천연 섬유보다 물에 강하다.
- 여러 가지 물질을 합성해서 새로운 연료를 만들어 냈다.

생활 속

단어를 합쳐 하나의 단어를 만듦.
두 개 이상의 것을 합쳐 어떤 다른 것을 만듦.

예문

- '남녀', '눈물'은 두 개의 명사가 합성돼 만들어진 합성 명사이다.
- 그 작곡가는 우리의 전통 가락을 랩과 합성한 독특한 곡을 썼다.

꼬리에 꼬리를 무는 과학 어휘!

합성

광합성

식물이 햇빛을 받아 스스로 영양분을 만드는 작용.

광합성 색소

광합성을 도와주는 색소. 초록색의 엽록소와 붉은색의 카로티노이드류 등이 있어요.

합성 약품

기본 재료가 아닌 화학적으로 만들어 낸 약품.

합성력

여러 힘이 함께 작용할 때 생기는 효과를 하나로 나타낸 힘.

단백질 합성

여러 가지 아미노산(단백질을 만드는 아주 작은 조각)을 합성해 단백질을 만드는 일.

비슷한 말을 알아봐요.

복합(複合) 두 가지 이상을 하나로 합침.

[과학] 나는 아침마다 여러 비타민이 들어 있는 복합 비타민을 먹는다.

[생활] 싱싱한 재료와 엄마의 손맛이 복합돼 맛있는 음식이 완성됐다.

그는 슬픔과 아쉬움, 시원함이 복합된 묘한 감정을 느꼈다.

조합(組合) 여럿을 한데 모아 한 덩어리로 짬.

[과학] 생명체는 여러 가지 원소 성분이 조합을 이뤄 구성된다.

[생활] 한글은 자음과 모음의 조합으로 이뤄져 있다.

BONUS 학습도구어 더하기 - 속담, 관용어, 사자성어

속 여럿의 말이 쇠도 녹인다

여러 사람이 함께 모여 의견을 합치면 쇠도 녹일 만큼 무서운 힘을 합성할 수 있음.

관 손에 손(을) 잡다

다정하게 서로 힘을 합성해 협력함.

사 대동단결(大同團結)

여러 사람이 목적을 이루고자 크게 한 덩어리로 합성함.

난이도 ★★☆☆☆

35 혼합

여러 색이 섞인 검정 잉크처럼
과학에서 '혼합'은 두 가지 이상이
섞인 것을 말해요.

혼합은 이럴 때 쓰는 말이에요.

"어? 선생님! 왜 검정 사인펜만 잔뜩 들고 오신 거예요?"

"짜잔! 오늘은 크로마토그래피 실험을 해 볼 거야. 혼합물을 분리하는 실험이지. 검정 잉크가 무슨 색들로 혼합돼 만들어진 것인지 알아볼 거란다."

옥 선생님은 물을 잘 흡수하는 거름종이를 길게 자르고 종이 아래쪽에 검은색의 동그란 점을 그렸어요. 그리고 종이 끝을 살짝 물에 담갔답니다. 15분쯤 지나자 여기저기서 "와! 이것 봐!" 하며 감탄이 튀어나오기 시작했어요.

"하늘색, 노란색, 분홍색, 보라색 등 여러 색이 거름종이에 분리돼 나왔어요!"

다양한 색소의 입자들은 각자의 속도에 맞게 이동하면서 분리됐어요. 검은색은 모든 색이 혼합된 색이기 때문에 많은 색을 볼 수 있었지요.

"와! 여러 가지 색깔들이 정말 아름답고 신비로워요. 거름종이마다 조금씩 다 다른걸요? 선생님, 이 실험은 과학과 미술이 혼합된 것 같아요. 지식도 얻고 예술 작품도 감상하고요."

이렇게 과학적 의미의 혼합은 '두 가지 이상의 물질이 화학적 결합이 아닌 단순하게 섞이는 것'을 말하고, 생활적 의미의 혼합은 '섞어서 하나로 합치는 것'을 말해요.

이런 뜻이에요.

혼합의 혼(混)은 '섞다', '섞이다', '모두'를 뜻하고, 합(合)은 '합하다', '모으다', '맞다'를 뜻해요. 두 글자를 합치면 '모으고 합해서 섞다'라는 의미가 만들어져요. 이것은 과학에서 쓰이는 혼합이랍니다. 혼합은 '두 가지 이상의 물질이 단순히 하나로 섞이는 것'을 말해요. 즉 실험이나 약품 처리 등 화학적인 작용을 더해서 섞는 것이 아닌 '두 가지 이상의 물질을 단순히 합치는 것'을 말한답니다.

또한 혼(混)의 '섞이다', '합하다'라는 뜻과 합(合)의 '모으다'라는 뜻을 합치면 '여러 가지를 섞고 모으다'라는 의미가 만들어지지요? 이것은 생활에서 쓰이는 혼합으로 '무엇이든 여러 가지 다양한 것들이 뒤섞여서 하나로 합해지는 것'을 뜻한답니다.

과목별

두 가지 이상의 물질이 화학적 결합이 아닌 단순하게 섞임.

예문

- 종합 비타민은 여러 가지 비타민 종류가 혼합된 비타민제이다.
- 방귀는 장 속의 음식물에 의한 가스와 음식물을 먹을 때 함께 들어간 공기가 혼합돼 나온다.
- 달걀 껍데기와 식초를 혼합하면 식물의 칼슘 영양제가 된다.

생활 속

다양한 사물, 문화, 예술 등이 섞여서 하나의 새로운 것이 만들어짐.

예문

- 미국의 문화는 여러 민족의 문화가 혼합돼 있다.
- 뮤지컬은 연극, 노래, 무용이 혼합된 공연 예술이다.

꼬리에 꼬리를 무는 과학 어휘!

혼합

혼합 신경

느끼는 기능인 감각성과 몸을 움직이는 기능인 운동성을 둘 다 가지고 있는 신경.

역혼합

화학적으로 변화한 물질이 아직 변하지 않은 물질과 섞이는 것.

혼합비

서로 다른 두 가지 이상 물질을 얼마나 섞었는지를 나타내는 비율.

혼합열

두 가지 이상 물질을 섞을 때 생기거나 빨아들이는 열.

혼합물

여러 가지가 뒤섞여서 이뤄진 물건.

비슷한 말을 알아봐요.

배합(配合) 이것저것을 일정한 비율로 섞어 합침.

[과학] 탄산음료에 배합된 산은 충치를 발생시킨다.

[생활] 예쁜 색으로만 배합해서 그림을 그렸다.

복합(複合) 두 가지 이상이 하나로 합쳐짐. 또는 두 가지 이상을 하나로 합침.

[과학] 이 치료제는 자연 성분들을 복합해서 만들었다.

[생활] 나는 후련함과 아쉬움이 복합된 마음이 들었다.

BONUS 학습도구어 더하기 - 속담, 관용어, 사자성어

속 백지장도 맞들면 낫다

쉬운 일이라도 여러 명의 힘을 혼합하면 훨씬 쉬워짐.

속 종이도 네 귀를 들어야 바르다

종이도 네 쪽을 다 들어야 어느 한 쪽도 처짐이 없이 판판해진다는 뜻으로, 모두 힘을 혼합해야 일이 올바르게 됨.

관 거지 밥주머니

허름하고 지저분한 것들을 되는대로 마구 혼합해 넣어 둠.

난이도 ★★★☆☆

36 확산

물에 잉크가 번지는 것처럼
과학에서 '확산'은 한 액체에 다른 액체가
섞여 가는 과정을 말해요.

확산은 이럴 때 쓰는 말이에요.

"얘들아. 오늘은 물의 확산 실험을 보여 줄 거야. 뜨거운 물, 미지근한 물, 찬물로 온도가 다른 물속에 이 잉크를 떨어뜨려 볼게. 자, 어떠니? 바로 퍼져 나가지? 이게 바로 확산이란다."

"와! 예뻐요. 선생님. 그런데 신기하게 확산되는 속도가 세 개 모두 달라요."

"은영이가 잘 관찰했구나. 맞아. 온도가 높은 물일수록 잉크 분자의 운동이 활발해진단다. 그래서 잉크가 더 빨리 확산되는 거야. 여기 좀 볼래? 냉장고에 넣었다가 꺼낸 차가운 물에서 가장 늦게 잉크가 확산되고 있지?"

그때 시후가 조용히 자기의 생각을 말했어요.

"선생님, 아침에 뉴스를 보니 가뭄 피해가 전국으로 급속히 확산 중이라고 하더라고요. 그래서 지금 물 실험을 하는 것도 괜히 찔리는걸요? 물론 공부를 위해서이지만요."

"기특하구나. 무엇이든 그냥 넘기지 않고 한 번 더 의문을 가져 보는 건 매우 중요해. 이런 생각이 아이들에게 더 확산돼야 미래에 우리 사회가 더 발전할 수 있을 테니까."

이렇게 과학적 의미의 확산은 '액체나 기체에 다른 물질이 섞이고 번져 나가는 것'을 말하고, 생활적 의미의 확산은 '어떤 현상이 널리 퍼져 나가는 것'을 말해요.

이런 뜻이에요.

확산의 확(擴)은 '넓히다', '늘리다', '확대하다'를 뜻하고, 산(散)은 '흩어지다', '풀어놓다'를 뜻해요. 그래서 과학에서 확산은 '서로 농도가 다른 물질이 혼합될 때 시간이 지나면서 차츰 같은 농도도 바뀌는 현상'을 말한답니다. 여기서 농도란 '액체나 기체를 구성하는 성분의 양 정도'를 말해요. 예를 들어 진한 물감은 농도가 높고 옅은 물감은 농도가 낮은 것처럼요. '어떤 물질 속에 다른 물질이 점차 섞여 들어가는 현상'을 나타낼 때도 확산을 사용한답니다.

또한 확(擴)의 '넓히다', '늘리다'라는 뜻과 산(散)의 '흩어지다'라는 뜻을 합치면 '넓히고 늘리고 흩어지다'라는 의미가 만들어지지요? 이것은 생활에서 쓰이는 확산이에요. '소식이나 사회적 현상 등이 흩어져 널리 퍼져 나가는 것'을 말할 때 쓰인답니다.

과목별

어떤 물질 속에 다른 물질이 점차 퍼져 나감.

예문
- 여름에는 습도가 높아 전염병이 확산되기 쉽다.
- 향수 냄새가 퍼지는 것은 냄새 분자가 공기 중으로 확산되기 때문이다.

생활 속

소식이나 사회적 현상 등이 널리 퍼짐.

예문
- 19세기 우리나라 농민 운동은 점차 국민운동으로 확산됐다.
- 1인 가구가 확산되면서 음식이나 식재료들을 작게 포장한 제품이 인기이다.

꼬리에 꼬리를 무는 과학 어휘!

확산

확산체

소리가 사방으로 잘 퍼지게 도와주는 물체. 방송실이나 음악당 같은 곳의 벽이나 천장을 울퉁불퉁하게 만든 거예요.

대기 확산

공기 중에 나온 오염 물질이 깨끗한 공기와 섞여서 퍼지고 약해지는 현상.

열 확산

두 가지 성분이 섞인 물질의 한쪽 성분이 더운 곳에서 다른 쪽의 차가운 곳으로 움직여서 성분이 바뀌는 현상.

확산 반사

빛, 소리, 전파 같은 것이 물체에 부딪쳐서 여러 방향으로 흩어져 반사되는 현상.

확산성

어떤 병이 넓은 부위에 퍼져 있는 성질.

비슷한 말을 알아봐요.

분산(分散) 갈라져 흩어짐.

[과학] 빛이 분산되면 일곱 가지 색으로 나뉘어진다.

[생활] 여기저기 분산돼 숨겨진 쪽지를 찾는 보물찾기는 정말 재미있다.

분포(分布) 일정한 곳에 흩어져 퍼져 있음. 동식물이 사는 범위.

[과학] 메뚜기는 전 세계에 널리 분포하는 곤충이다.

[생활] 시골 마을에 버스와 지하철이 분포되면서 점차 발전하기 시작했다.

BONUS 학습도구어 더하기 - 속담, 관용어, 사자성어

속 작은 것부터 큰 것이 이뤄진다

아무리 큰일이라도 시작은 작은 것에서부터 확산됨.

관 거미 새끼 흩어지듯[헤어지듯]

알에서 막 나온 거미 새끼들이 흩어지듯, 많은 사람이나 물건이 여기저기 확산돼 나가는 모양을 이름.

난이도 ★★☆☆☆

37 환경

숨을 쉬게 해 주는 공기처럼 과학에서 '환경'은 우리가 살아가는 데 큰 영향을 미치는 자연적인 조건을 말해요.

환경은 이럴 때 쓰는 말이에요.

운동장에서 축구를 마친 아이들이 숨을 헉헉대며 교실로 들어왔어요.

"휴, 아! 고마운 공기! 공기가 없었으면 어쩔 뻔했어. 으아, 생각만 해도 숨 막혀!"

"이런 환경에서 살 수 있어서 참 고마운 일이지. 환경이 오염돼서 너희가 운동장에서 축구도 마음대로 못 하고 24시간 늘 마스크를 써야 한다면 얼마나 갑갑하겠니?"

"맞아요. 선생님. 얼마 전에 놀러 갔다가 자동차 매연에 황사까지 겹쳐서 코도 답답하고 목도 아팠어요. 깨끗한 공기는 정말 중요한 것 같아요."

"맞아. 환경을 지키는 건 지금의 우리와 다음 세대를 위해서도 필요하단다."

그때 수민이가 곰곰이 생각하더니 말했어요.

"선생님, 그런데 우리 주변의 환경도 중요하다고 생각해요. 학교 옆인데도 담배 피우는 어른들이 보여요. 또 어른들만 갈 수 있는 가게도 있고요. 도서관이나 서점, 문화 시설 등이 주변에 더 많이 생겨서 학교의 환경이 더 교육적이고 긍정적인 영향을 주는 곳이 됐으면 좋겠어요."

이렇게 과학적 의미의 환경은 '사람에게 커다란 영향을 미치는 여러 가지 자연적인 조건'을 말하고, 생활적 의미의 환경은 '사람이 생활하는 주위의 상태'를 말해요.

이런 뜻이에요.

환경의 환(環)은 '고리', '둘러싸이다', '영향을 주다'를 뜻하고, 경(境)은 '경계', '상태'를 뜻해요. 두 글자를 합치면 '주변을 둘러싸서 영향을 주는 경계, 상태'라는 의미가 만들어져요. 그래서 과학적으로 환경은 '동물이나 식물 등 생물에게 직접적으로 또는 간접적으로 영향을 주는 자연적인 조건이나 사회적인 상황'을 말한답니다. 여기서 자연적인 조건이란 '살아가는 데 큰 영향을 미치는 눈, 비, 바람 등의 기후나 산, 강, 바다, 공기, 햇빛, 흙 등 사람의 힘이 아닌 세상에 스스로 존재하거나 저절로 생겨난 것'을 말해요.

또한 환(環)의 '둥글다', '둘레'라는 뜻과 경(境)의 '상태', '장소'라는 뜻을 합치면 '나의 둘레, 주변의 상태나 장소'라는 의미가 만들어지지요? 이는 생활에서 쓰이는 환경이랍니다. '사람이 생활하는 주위의 상태나 생활하는 데 영향을 미치는 주변 조건'을 말해요.

과목별

생물의 생존에 영향을 미치는 자연적인 조건.

예문

- 자동차에서 나오는 매연은 환경 오염을 일으키는 원인이다.
- 환경 오염으로 지구상에서 완전히 사라진 동식물도 있다.

생활 속

사람이 살아가는 데 영향을 미치는 주변의 조건이나 상태.

예문

- 할아버지는 힘든 환경에서도 열심히 공부하셔서 박사님이 되셨다.
- 전학해 온 첫날은 갑자기 바뀐 생활 환경 때문에 낯설었다.

꼬리에 꼬리를 무는 과학 어휘!

환경

환경 오염

자원을 캐거나 만들면서 자연이 망가지고 차나 공장, 농약 때문에 동식물과 사람이 사는 곳이 더러워지는 것.

자연환경

인간 생활을 둘러싸고 있는 자연과 주변 모든 것.

환경 호르몬

사람 몸에 해를 줄 수 있는 모든 나쁜 물질.

환경친화적

자연을 망치지 않고 잘 어울려서 조화롭게 사는 것.

환경 보호

자연을 더럽히지 않고 깨끗하게 지켜서 모두가 건강하고 기분 좋게 살도록 하는 일.

비슷한 말을 알아봐요.

조건(條件) 일을 하기 전에 꼭 필요한 것들이나 갖춰져야 하는 것.
일을 결정하기 전에 내놓은 요구나 의견.

[과학] 농산물은 기후 조건에 따라 생산량의 차이가 크다.

[생활] 생일인 동생을 위해 원하는 요구 조건은 무엇이든지 들어주기로 했다.

주위(周圍) 사물이나 사람을 둘러싸고 있는 것이나 그 환경. 어떤 곳의 바깥 둘레.

[과학] 인공위성은 지구 주위를 돌고 있다.

[생활] 바스락 소리에 놀라 주위를 둘러봤다.

BONUS 학습도구어 더하기 - 속담, 관용어, 사자성어

속 고기도 저 놀던 물이 좋다

평소에 낯익은 곳이나 익숙한 환경이 좋음.

속 윗물이 맑아야 아랫물이 맑다

윗사람이 잘하면 아랫사람도 따라서 잘한다는 뜻으로, 위의 환경이 좋아야 아래 환경도 좋음.

관 문턱을 넘어서다

어떤 환경이나 상태에서 벗어남.

난이도 ★☆☆☆☆

38 활동

야행성 동물이 밤에 주로 움직이는 것처럼 과학에서 '활동'은 살아가기 위해 행동하는 일을 말해요.

활동은 이럴 때 쓰는 말이에요.

"선생님, 저희 형은 올빼미처럼 낮에는 자고 밤에 일어나서 공부해요. 왜 그러는 걸까요?"

"하하하. 희수 형은 야행성 동물 같구나. 동물이 여러 활동을 주로 야간에 하는 것을 야행성이라고 한단다. 밤에 활동하고 낮에 잠을 자는 것이 특징이지."

"낮에 활동하면 잘 보이기도 하고 더 편할 텐데 왜 밤에 주로 활동하는 거예요?"

"밤이 좀 더 안전하기 때문이야. 자기를 잡아먹을 수도 있는 큰 동물들의 활동 시간이 대부분 낮이거든. 그래서 야행성 동물들은 밤에 활동하기 좋게 청각이나 후각이 매우 발달해 있거나 야간 시력이 아주 좋은 동물도 많단다. 이것들을 이용해 먹이를 찾고 활동하지."

그때 뒷문이 스르륵 열리며 현서가 진호의 도움을 받으며 들어왔어요.

"아이고, 현서야. 다리를 다쳐서 활동이 힘들지?"

"의사 선생님께서 당분간 활동을 조심히 해야 한다고 하시더라고요. 요즘 취미 활동으로 자전거도 타고 있었는데…… 너무 속상하고 답답해요."

이렇게 과학적 의미의 활동은 '동식물이 생명 활동을 이어 나가기 위해 움직이는 것'을 말하고, 생활적 의미의 활동은 '몸을 움직여 행동하는 것'을 말해요.

이런 뜻이에요.

활동의 활(活)은 '살다', '살아 있다'를 뜻하고, 동(動)은 '움직이다', '옮기다'를 뜻해요. 두 글자를 합치면 '살기 위해 움직이다'라는 의미가 만들어져요. 그래서 '동물이나 식물이 생명 현상을 유지하기 위해 행동이나 작용을 활발히 하는 것'을 과학에서 활동이라고 한답니다. 그리고 '사람이나 동물이 몸이나 위, 장과 같은 내부 기관 등을 힘차게 움직이는 것'도 활동이라고 표현해요.

또한 생활에서 활동은 '일상생활에 사용하는 모든 움직임'을 뜻해요. 이때는 '나의 몸을 움직여 행동하는 것'과 '어떤 일의 성과를 거두기 위해 노력하는 것' 모두를 의미한답니다.

과목별

동식물이 생명을 유지하기 위해 어떤 작용을 활발히 함.

예문

- 물은 식물의 생장 활동에 반드시 필요하다.
- 포충 활동 식물인 '파리지옥', '끈끈이주걱'은 곤충을 잡아먹는다.

생활 속

어떤 결과를 내거나 과정을 즐기기 위해 움직임.

예문

- 누나는 요즘 취미 활동으로 그림을 그리고 있다.
- 오늘은 동아리 활동을 하느라 집에 늦게 왔다.

꼬리에 꼬리를 무는 과학 어휘!

활동

활동 빙하

얼음 일부분이 움직이고 있는 빙하.

활동력

몸을 움직이거나 어떤 일을 해내기 위해 쓰는 힘이나 능력.

활동일 주기

하루 동안 반복해서 생기는 생물들의 활동이나 움직임의 변화. 식물이 햇빛에 맞춰 광합성을 하거나 달맞이꽃과 나팔꽃이 밤에 꽃을 피우는 일이에요.

활동 온도대

생물이 생활 활동을 할 수 있는 온도의 범위. 보통 0~50℃ 정도예요.

활동층

일 년 내내 얼어 있는 땅 중에서 겨울에는 얼고 여름에는 녹으면서 부피가 변하는 부분.

비슷한 말을 알아봐요.

생활(生活) 사람이나 동물이 활동이나 행위를 하며 살아감.

[과학] 철새는 날씨의 변화와 먹이의 변동에 따라 이동하며 생활한다.

[생활] 규칙적으로 생활했더니 건강이 좋아지고 키도 컸다.

행동(行動) 자극에 대한 생물체의 반응. 몸을 움직여 동작이나 일을 함.

[과학] 사람은 뇌에 자극이 전달되면 행동을 한다.

[생활] 초록불이 켜지기도 전에 건널목을 건너는 것은 아주 위험한 행동이다.

BONUS 학습도구어 더하기 - 속담, 관용어, 사자성어

속 큰물에 큰 고기 논다

활동 무대가 커야 통이 큰 사람도 모이고 자신도 클 수 있음.

관 기지개를 켜다

서서히 활동하는 상태가 됨.

사 동분서주(東奔西走)

동쪽으로 뛰고 서쪽으로 뛴다는 뜻으로, 사방으로 이리저리 몹시 바쁘게 활동함.

난이도 ★★☆☆☆

39 효과

여러 가지 재료가 소음을 줄여 주는 것처럼 과학에서 '효과'는 과학적인 목적을 지닌 일이 좋은 결과로 나타나는 것을 말해요.

효과는 이럴 때 쓰는 말이에요.

"얘들아, 주변의 불쾌하고 시끄러운 소리인 '소음'을 감소시키는 효과를 가진 물건에는 어떤 것들이 있을까? 여기 준비된 솜, 종이 달걀판, 스티로폼, 신문지, 과자 상자 등의 다양한 재료로 이 종이 상자를 감싸고 그 속에 구슬을 넣고 흔들어서 소리를 내는 거야. 그다음 어떤 재료로 감싼 상자가 가장 효과적으로 소음을 없애 주는지 비교해 보자."

아이들은 모두 종이 상자를 흔들며 실험했어요. 신기하게도 아무것도 감싸지 않은 상자에 넣은 구슬 소리보다 다양한 재료로 감싼 상자의 구슬 소리가 더 작게 들렸어요.

"이건 재료들이 소리를 흡수하는 효과를 내기 때문이란다. 소리 에너지가 공기나 재료 안에서 서서히 사라지게 되는 것이지. 재료의 종류나 구조에 따라 차이가 있기는 하지만 말이야."

그때 성훈이가 실험 재료들을 긁거나 두드리며 독특한 소리를 냈어요.

"오, 성훈아. 마치 영화의 음향 효과 같구나. 말이 뛰는 소리, 눈을 밟는 소리의 효과를 내는 것 같아. 성훈이는 나중에 음향 감독을 해도 되겠는걸?"

이렇게 과학적 의미의 효과는 '과학적인 목적으로 좋은 결과를 만든 것'을 말하고, 생활적 의미의 효과는 '소리, 조명, 영상 등으로 장면에 맞는 분위기를 만든 것'을 말해요.

이런 뜻이에요.

효과의 효(效)는 '본받다', '힘쓰다', '나타나다'를 뜻하고, 과(果)는 '열매', '결과', '결실'을 뜻해요. 특히 열매, 결과, 결실은 '좋은 결과물'을 뜻한답니다. 그래서 과학에서 쓰이는 효과는 '어떤 원인으로 인해 과학적으로 좋은 결과가 생기는 것', '과학적인 목적을 지니고 행동한 것이 보람 있는 결과, 좋은 결과를 맺는 것'을 말해요.

또한 효(效)의 '나타나다', '드러내다'라는 뜻과 과(果)의 '결과'라는 뜻을 합치면 생활에서 쓰이는 효과가 돼요. 특히 '소리나 조명, 영상 등으로 그 장면에 어울리는 분위기를 만들어 실제로 체험하는 느낌'을 줄 때 많이 사용한답니다.

과목별

과학적인 목적을 지닌 일이 보람 있고 좋은 결과로 나타남.

예문
- 같은 약이라도 환자의 상태에 따라 효과가 다르게 나타난다.
- 이 비누는 세균을 없애는 효과가 매우 좋다.

생활 속

빛, 소리 등으로 장면에 어울리는 분위기를 만들어 냄.

예문
- 신비로운 조명 효과로 무대 위 주인공이 더 근사해 보였다.
- 이 공포 영화는 청각적인 효과가 뛰어나서 더욱 무서운 분위기를 만들었다.

꼬리에 꼬리를 무는 과학 어휘!

효과

강수 효과

비가 오는 양을 증발되는 양으로 나눈 값. 식물의 분포와 관련이 있어요.

에디슨 효과

금속이나 반도체를 아주 뜨겁게 하면 안에 있던 전자들이 힘차게 움직여서 밖으로 튀어나오는 현상.

온실 효과

공기 중의 수증기, 이산화 탄소, 오존 등이 지구에서 나오는 열(적외선)을 잡아 둬서 지구를 따뜻하게 만드는 현상.

상승효과

여러 가지 원인이 같이 작용해서 혼자일 때보다 훨씬 더 큰 결과가 나오는 것.

우산 효과

공기 중에 떠 있는 미세 먼지 등이 햇빛을 가려서 땅에 도착하는 빛이 줄어들어 기온이 내려가는 현상.

비슷한 말을 알아봐요.

효력(效力) 약 등을 사용한 후에 얻는 결과. 한 일에 대해 돌아오는 결과.

[과학] 두통약의 효력이 떨어질 때쯤 다시 머리가 아파 왔다.

[생활] 어제 사 준 선물의 효력인지 동생이 오늘 내 부탁을 다 들어줬다.

효용(效用) 보람 있게 쓰거나 쓰임. 그런 보람이나 쓸모.

[과학] 이 약이 모든 병에 효용이 있는 것은 아니다.

[생활] 효용 가치가 없는 지식은 아무 소용이 없다.

BONUS

학습도구어 더하기 - 속담, 관용어, 사자성어

속 한술 밥에 배부르랴

힘을 조금 들이면서 큰 효과를 기대할 수 없음.

관 분초를 아끼다

시간을 헛됨이 없이 효과적으로 씀.

사 한강투석(漢江投石)

한강에 돌 던지기라는 뜻으로, 지나치게 미미해 아무런 효과를 미치지 못함.

난이도 ★★☆☆☆

40 흡수

옷이 땀을 빨아들이는 것처럼
과학에서 '흡수'는 한 물질이 다른 물질
속으로 들어가는 일을 말해요.

흡수는 이럴 때 쓰는 말이에요.

"헉헉. 와! 정상에 서니 시원하고 경치도 정말 좋아서 여기까지 힘들게 올라온 보람이 있어요. 이것 보세요. 땀이 비 오듯 났지만 제 옷은 뽀송뽀송하죠?"

"어? 그러게."

아이들과 옥 선생님은 궁금한 얼굴이 됐어요.

"후후후. 이 옷은 패션 회사에 다니는 우리 누나가 선물해 준 건데 다른 옷보다 땀이 빨리 흡수되고 또 금방 말라서 등산할 때나 운동할 때 입으면 딱 좋다니까요. 히힛. 아, 배고파. 그런데 선생님, 이런 곳에서 도시락을 먹으면 제 몸에 영양분도 훨씬 더 잘 흡수될 것 같아요."

"그것도 아예 틀린 말은 아니구나. 몸을 움직이고 나면 우리 몸의 근육은 빠져나간 에너지를 채우기 위해 영양분을 빨리 흡수하려고 하니까 말이야."

"아하! 산에 오니 영양분뿐만 아니라 선생님 말씀도 제 머리에 잘 흡수되는걸요?"

"그래? 그렇다면 여기서 공부도 좀 해 볼까? 머릿속에 지식이 쏙쏙 흡수될 테니 말이야. 후후."

이렇게 과학적 의미의 흡수는 '물질이 다른 물질로 들어가는 것이나 우리 몸이 영양소를 받아들이는 것'을 말하고, 생활적 의미의 흡수는 '나와 다른 지식, 의견, 생각 등을 이해하고 받아들여 자기 것으로 만드는 것'을 말해요.

이런 뜻이에요.

흡수의 흡(吸)은 '마시다', '빨다', '끌다', '모으다'를 뜻하고, 수(收)는 '거두다', '익다', '모으다'를 뜻해요. 두 글자를 합치면 '어떤 것을 모아서 끌어들이다'라는 의미가 만들어져요. 그래서 과학에서 흡수는 '물질이 다른 물질 속으로 들어가는 것'을 말한답니다. 기체, 액체가 고체, 액체에 빨려 들어가는 것처럼 말이에요. 그리고 '우리 몸이 생명을 유지하기 위해 여러 가지 물질을 받아들이는 것'도 흡수라고 한답니다.

또한 흡(吸)의 '잡아당기다', '모으다'라는 뜻과 수(收)의 '모으다', '잡다'라는 뜻을 합치면 '무엇을 받아들이고 모으다'라는 의미가 만들어지지요? 이것이 바로 생활에서 쓰이는 흡수예요. '지식, 문화, 의견 등 눈에 보이지 않는 것을 자신의 것으로 이해하고 받아들임' 혹은 '외부에 있는 사람이나 사물 등을 내부로 모아들임'이라는 뜻으로 많이 사용돼요.

과목별

어떤 물질이 다른 물질 속으로 서서히 들어감. 몸이 영양분을 받아들임.

예문
- 땅으로 오염 물질이 흡수되면서 농작물이 큰 피해를 입었다.
- 단백질은 아미노산으로 분해돼 우리 몸에 흡수된다.

생활 속

지식, 문화 등을 받아들임. 외부의 사람이나 사물을 내부로 모아들임.

예문
- 판소리는 마당극이라는 새로운 양식으로 흡수됐다.
- 우리 농구팀은 실력 있는 다른 농구팀을 흡수했다.

꼬리에 꼬리를 무는 과학 어휘!

흡수

흡수력

식물 세포가 물을 얼마나 많이 빨아들이는지를 나타내는 정도. 물이 농도가 낮은 곳에서 높은 곳으로 이동하는 삼투 현상 때문에 일어나요.

흡수 조직

몸 밖에서 필요한 물질을 몸속으로 받아들이는 역할을 하는 조직.

흡수 작용

음식 속 영양분이 소장의 벽을 통해 몸 안으로 들어가는 일.

흡수관

물을 빨아올리는 관.

소화 흡수율

음식물 속 영양분이 소화 기관에서 얼마나 많이 몸에 흡수되는지를 나타내는 비율.

비슷한 말을 알아봐요.

섭취(攝取) 생물체가 양분 등을 몸속에 빨아들임. 좋은 요소를 받아들임.

[과학] 사람은 음식물을 **섭취**해 에너지를 얻는다.

[생활] 우리 문화를 세계화하는 데 도움을 주는 외국 문화의 **섭취**도 중요하다.

수용(受容) 어떤 것을 받아들임.

[과학] 빛 **수용**체 세포가 빛을 흡수해 시각 세포로 전달해야 눈으로 볼 수 있다.

[생활] 배의 사고 원인 중 하나는 **수용** 인원보다 더 많은 사람이 탔기 때문이다.

BONUS 학습도구어 더하기 - 속담, 관용어, 사자성어

속 마른땅에 물이 잦아들듯

메마른 땅은 물을 **흡수**하는 힘이 강한 것처럼 무엇을 받아들이는 기세가 매우 강함.

관 피와 살이 되다

지식이나 영양분 등이 완전히 **흡수**돼 자기 것이 됨.

옥효진 선생님의
과학이 이해되는 학습도구어

글 옥효진
그림 이상일

1판 1쇄 인쇄 2025년 11월 28일
1판 1쇄 발행 2025년 12월 17일

펴낸이 김영곤
TF팀 김종민 양선희
기획 및 편집 북케어(전하연) **디자인** 표지 design S 본문 정유정
마케팅 정성은 김지선
영업팀 정지은 한충희 남정한 장철용 강경남 황성진 김도연 이민재
제작팀 이영민 권경민

펴낸곳 ㈜북이십일 아울북
출판등록 2000년 5월 6일 제406-2003-061호
주소 (우 10881) 경기도 파주시 회동길 201(문발동)
연락처 031-955-2100(대표) 031-955-2421(팩스)
홈페이지 www.book21.com

ISBN 979-11-7357-669-0 74700
ISBN 979-11-7357-668-3 74700 (세트)

- 제조자명 : (주)북이십일
- 주소 및 전화번호 : 경기도 파주시 회동길 201(문발동) / 031-955-2100
- 제조연월 : 2025. 12.
- 제조국명 : 대한민국
- 사용연령 : 5세 이상 어린이 제품

✦ 함께 읽어보세요! ✦

마법천자문 1~68권

문해력의 시작은 한자!

손오공의 일촉즉발 한자 대모험!
읽기만 해도 마법처럼 한자가 저절로
기억됩니다!

글 유대영 외 | 그림 정수영 | 감수 강용철 외

몽스터즈 1권

아울북의 새로운 손오공 등장!

슈퍼만렙 손오공의 실크로드 원정대!
고전 소설 서유기가 신나는 모험으로
다시 태어났어요!

글 김언정 | 그림 정수영

30초로 보는
몽스터즈

※ 교보문고, 예스24, 알라딘, 쿠팡 등 온라인 서점 및 전국 오프라인 서점에서 만나볼 수 있습니다.